KB192984

뚜벅이 전도

뚜벅이 전도

지은이 | 박남혜
초판 발행 | 2024. 10. 16
등록번호 | 제1988-000080호
등록된 곳 | 서울특별시 용산구 서빙고로65길 38
발행처 | 사단법인 두란노서원
영업부 | 2078-3333 FAX | 080-749-3705
출판부 | 2078-3331

책 값은 뒤표지에 있습니다.
ISBN 978-89-531-4939-7 03230

독자의 의견을 기다립니다.
tpress@duranno.com http://www.duranno.com

두란노서원은 바울 사도가 3차 전도여행 때 에베소에서 성령 받은 제자들을 따로 세워 하나님의 말씀으로 양육하던 장소입니다. 사도행전 19장 8-20절의 정신에 따라 첫째 목회자를 돕는 사역과 평신도를 훈련시키는 사역, 둘째 세계선교(TIM)와 문서선교(단행본·잡지) 사역, 셋째 예수문화 및 경배와 찬양 사역, 그리고 가정·상담 사역 등을 감당하고 있습니다. 1980년 12월 22일에 창립된 두란노서원은 주님 오실 때까지 이 사역들을 계속할 것입니다.

✳ 품고 섬기고 기도하면 반드시 돌아온다 ✳

언제 어디서나 통하는 전도 교과서

뚜벅이 전도

두란노

차례

1
PART

하나님이 예비하신 사람들을 만나러 갑니다

2
PART

시련을 통해 나를 빚어 가셨습니다

PART

4 뚜벅이 전도행전 – 부부 & 가정 편

PART 5 하나님이 찾으시는 전도자로 살겠습니다

부록 | 전도의 황금 레시피

추천의글 ✱

 이 책의 저자인 박남혜 목사님을 수원신학교 학부 시절에 처음 뵈었습니다. 그리고 세월이 흘러 저는 놀라운 소문 하나를 들었습니다. 어느 교회 전도사님이 전도대를 이끌어 폭발적인 교회 부흥의 주역으로 사역한다는 이야기였는데, 그분이 바로 박남혜 목사(당시 직분은 전도사)님이었습니다. 그 후 목사님을 만났을 때, 성령님의 놀라운 역사를 들려주셨습니다. 아파트를 돌며 "예수 믿으세요" 하고 문을 두드리면, 많은 사람이 문을 열어 준다는 것입니다. 이 간증을 들었을 땐 정말 부러웠습니다. 당시 저는 교회를 개척하고 성도가 몇 안 되었기에, 교회 부흥을 선도하는 전도자의 역할이 얼마나 중요한지 깨달았습니다.

 코로나가 왔을 때도 박남혜 목사님은 추운 겨울임에도 제게 기도처를 요청하시고, 지하 교육관에서 한 달 정도 방언 기도를 하셨습니다. 이후 순회신학교 동문회에 허리 수술을 하고 지팡이를 짚고 오셨는데, 그때의 만남을 계기로 고색동 온누리교회에서 2024년 박남혜 목사님이 인도하는 '나비전도학교'를 개강, 12주 과정을 진행했습니다. 물론 저도 참석했지요. 2천 여 명을 전도하게 하신 성령의 다양한 인도하심을 증거해 주시던 박남혜 목사님. 한 영혼을 향한 사랑과 열정, 참가 훈련생을 향한 헌신을 보며 큰 도전이 됐습니다. 다양한 전도법 중 글 없는 책, 말씀 암송, 손가락 전도, 노방전도, 부침개 전도, 이삿날 전도는 큰 은혜였습니다.

드디어 박남혜 목사님이 그동안 전도 현장에서의 열매를 담아 전도 관련 책을 펴낸다는 소식을 듣고 저의 일처럼 감사하고 기뻤습니다. 이 전도 간증서를 통해 수많은 영혼이 주께 돌아오게 될 것과, 향후 제2, 제3의 박남혜 목사님과 같은 전도자가 무수히 배출될 것을 믿음으로 간구하며 영광 돌립니다.

한국교회가 다시 부흥을 맞이하며 마지막 때 귀하게 쓰임 받는 나비전도학교가 되길 소망하며 이 책을 적극 추천합니다.

박호성 목사 수원온누리교회 담임

전도에 특화된 사역을 펼쳐 가시는 박남혜 목사님은 가장 근실한 전도자 중 한 사람입니다. 부르심을 받은 날부터 지금까지 가정을 방문하며 전도하고, 길거리에서 담대히 복음을 전해 왔습니다. 또한 전도학교를 통해 후학을 양성하고 실제로 전도하는 방법을 가르치고 있습니다.

저는 담임목회를 하기 전에 박 목사님과 함께 동역했습니다. 저는 교구 목사로, 박남혜 목사님은 전도대 전도사로 섬겼던 것이지요. 목사님은 늘 현장에서 사람들을 만나며 그 당시 이미 천 명이 넘는 사람을 등록교인으로 인도했습니다. 교회에서는 뜨거운 성령의 사람이었으며, 밖에서는 바울과 같이 온 세상을 누비며 예수님을 전하는 사람이었습니다.

그런 전도 여정을 걸어오신 목사님이 이번에 목회자와 평신도들을 위한 매우 유익한 책을 내놓았습니다. 이 책은 저자 자신의 삶을 다루는 한편 그리스도인들이 반드시 수행해야 할 예수님의 지상명령에 대해서 명확한 길을 제시하고 있습니다.

우리는 전도에 대해서 잘 안다고 생각할지 모릅니다. 하지만 오늘날 교회에 출석하는 사람들 가운데 전도에 대해서 제대로 알거나 실제 전도를 잘하는 사람이 얼마나 될까요? 설령 알고 있다 해도 제대로 행하지 못해 마음의 부담을 안고 사는 것이 우리의 현실입니다. 더구나 한국교회는 전도와 선교의 열정이 식어 가고 있습니다. 구원과 은혜 그리고 현세에 받는 복에 대해서는 강조하고 있지만, 주님의 명령인 전도와 선교에 대해서는 적극적이지 않은 것이 사실입니다.

그런 면에서 이 책은 전도에 대해 고민하는 목회자들과 평신도들에게 큰 도전과 길라잡이가 되어 줄 것입니다. 무엇보다 박남혜 목사님의 전도에는 열매가 확실합니다. 간단하지만 명료한 전도 방법과 은혜가 있습니다. 살아 있는 하나님의 역사가 함께합니다.

이 책을 통해 우리나라 교회에 변화가 생기면 좋겠습니다. 한 전도자의 삶을 통해 역사하신 하나님의 은혜를 함께 누리기를 희망합니다. 단순히 복과 부흥을 위한 신앙의 방향을 멈추고, 예수 그리스도를 전하는 복음의 삶을 목적으로 삼기를 원합니다.

이덕균 목사 더주님의교회 담임

반평생을 복음을 전하며 살아온 누님 박남혜 목사님에게 공황장애가 왔다. 일상생활이 힘들 정도로 나와 내 아내에게 자주 전화하며 묻고 확인했다. 때로는 약간 울기도 했다. 심신이 무너져 가는 것이 보였다. 누나는 짧지 않은 시간을 고생했다. 지켜보는 나도 편치 않았다. 누나에 대한 연민과 목사의 삶을 살아온 나를 지켜보는 착잡한 마음 때문이었다.

전도하게 하시려면 축복도 주시고, 모델링이 되도록 성공 신화도 입혀 주시면 좋을 텐데 공황장애라니 참 속상했다. 전도의 일념으로 교회를 섬기는 것도, 시부모님 봉양하는 것도, 가정사도, 경제난도, 자식들의 일도 잘 감당해 왔다고 여겼는데, 어느 날 그 모든 것이 허무해져 버린 것이다.

"이게 어찌 너의 일이더냐, 나의 일이지. 왜 네가 교만하여 낙심하더냐? 네가 나의 일을 하는데 왜 덧옷이 필요하고, 많은 위세가, 축복이 필요하더냐? 십자가의 은혜가 족하지 않더냐? 네 복음 말고 소박하게 '내 복음'을 가지고 길을 나서라! 길을 비추는 다른 가치가 아니라, '내 말씀'이 있지 않더냐?" 주님이 주신 메시지였다.

믿음을 가지고 기쁨으로 다시 복음의 길에 서는 누님 박남혜 목사님을 축복하며, 하나님을 송축한다.

박호헌 목사 비전이있는교회 담임

12

저는 올해부터 일주일에 한 번씩 노방전도와 관계 전도를 실천했습니다. 하지만 열매는 별로 없고 관계 전도를 하며 교회로 이끌어야 하는 일도 쉽지 않았습니다.

그러던 중에 나비전도학교를 통해 박남혜 목사님이 실제 현장에서 전도하는 노하우를 배울 수 있었습니다. 또 전도하기 전에는 충분히 기도함으로써, 성령 하나님의 인도하심을 받아야 함을 다시 깨달았습니다. 그렇게 나가 전했을 때 하나님은 준비된 영혼, 예비된 영혼을 붙여 주셨습니다. 실제 현장에서 많은 노하우를 전수해 주셔서 전도의 기쁨과 행복을 맛볼 수 있었습니다. 우리의 스승이 되어 주신 박남혜 목사님에게 깊이 감사드립니다. 그런 전도 노하우를 담아 출간하신 것을 기쁘게 생각합니다. 나비전도학교에서 진행하는 전도 프로그램(12주 과정)에 많은 훈련생과 교회가 참여하면 좋겠습니다. 그래서 한국교회가 살아나고, 이 전도의 불길이 지구촌으로 번져 나가도록 하는 데 마중물이 되어 주기를 기도합니다.

손선화 전도사 수원온누리교회

나비전도학교 박남혜 목사님의 전도 강의를 들으며 '우리 시대에 흔하지 않은 전도자 중 한 분이시구나' 하는 생각을 했습니다. 저는 전도가 체득되기를 소원하여 나비전도학교 1-3기 과정까지 들었습니다. 이 과정을 거치면서 제가 어느 새 나비(נביא: 나비, 선지자)가 되어가는 느낌을 받았습니다. 구약 시대에 선지자들이 이스라엘 백성을 향하여 회개하고 여호와께 돌아오라고 외친 것처럼 이 시대의 우리는 죄악으로 얼룩진 세상을 향해 회개하고 그리스도께로 돌아오라고 복음을 외치는 그리스도의 선지자(נביא)들입니다. 나비전도학교는 저의 영성을 더욱 강하게 무장시켜 주었고 목회의 본질에 더 충실할 수 있는 힘을 주었습니다. 이제 전도는 부담이 없습니다. 그래서 행동할 것입니다. 저 같은 연약한 사람을 일으켜 행동할 수 있는 힘을 주신 나비전도학교에 감사를 드립니다. 박남혜 목사님의 전도 간증이 담긴 책이 출간된 것을 진심으로 축하하며 기쁘게 추천합니다.

신성호 목사 삼성교회 담임

❖ 가장 아름다운 발은 어느 곳이든 복음을 들고 가는
전도자의 발입니다.

하나님은 외치는 자를 찾으십니다

아름답기로 소문난 석회 동굴에 간 적이 있습니다. 천장에서 한 방울씩 떨어지는 석회수가 오랜 세월을 거치는 동안 기묘한 종유석을 만들어 냅니다. 천장뿐만이 아닙니다. 바닥면 여기저기에도 싹들이 솟아 있습니다. 천장에서 떨어지는 물이 한 방울 두 방울씩 쌓여 돋아난 석순이지요. 그런데 더 놀라운 광경이 있습니다. 종유석과 석순이 서로를 끌어당겨 아주 견고한 석회 기둥으로 우뚝 서 있는 모습입니다. 그 풍광은 마치 하나님의 말씀이 위에서 아래로 내려올 때 바닥이 하늘로 손을 뻗어 맞닿은 것처럼 보입니다. 흩어질 것 같은 한 방울의 액체가 종유석이 되고 석순이 되며, 마침내 석회 기둥으로 굳건히 서서 동굴을 떠받치는 일, 전도가 그렇습니다.

하나님이 허락하신 20여 년의 시간, 하나님이 동행하신 전도자의 길을 조심스레 꺼내 봤습니다. 혹자는 말할 것입니다.

"그때와 지금은 시대가 달라졌어요. 이젠 그런 전도 방식은 촌스럽고 시대착오적이어서 안 먹힐 걸요."

아니요. 하나님의 말씀은 시대와 상황을 초월합니다. 물론 내가 경험하고 실천한 전도 방식 중에 어떤 건 현시점과 다소 이질적이라고 느낄 수 있는 부분도 있을 것입니다.

그러나 우리는 하나님을 전하는 통로일 뿐, 어떤 형식의 '입'을 통해서든 그분의 사랑은 세상에 전해지게 돼 있습니다. 시대와 방식을 따지며 옳고 그름에 갇혀 있을 때, 정작 닫히고 막히는 건 전도의 문입니다. 영원 전부터 영원까지 살아 계시는 삼위일체 하나님은 우리에게 예수 그리스도를 구원의 선물로 주셨습니다. 복음이요 생명이며 진리이신 예수님은 전도자에게 세상이 감당치 못할 은사요 능력입니다. 이 능력을 힘입어 우리가 할 일은 오직 내가 받은 선물을 하나님이 택한 자들과 나누며 기뻐하는 것입니다.

나가서 전도하든 안에서 전도하든,

가까운 데부터 전도하든 멀리 가서 전도하든,

국내에서 전도하든 타국에 가서 전도하든,

소리 내서 전도하든 글로 써서 전도하든,

관계 맺기로 전도하든 삶의 변화로 전도하든,

넉넉한 때를 얻어 전도하든 무시로 전도하든,

큰소리로 전도하든 행동으로 전도하든,

직접 외치며 전도하든 물질로 후원하며 전도하든,

중보기도로 전도하든 접대의 손길로 전도하든,

'성경 말씀'으로 전도하든 '예수 천당 불신 지옥'으로 전도하든,

학문으로 전도하든 날것처럼 전도하든,

예전 방식으로 전도하든 현재 방식으로 전도하든,

자신 있게 전도하든 소극적으로 전도하든,

투박하게 전도하든 세련되게 전도하든,

간증에 의미를 두며 전도하든 교회 등록을 목표로 전도하든,

설득하며 전도하든 공감하며 전도하든,

계획적으로 전도하든 즉흥적으로 전도하든

하나님은 우리가 외치기를 바라십니다.

모든 전도자의 전도 방법엔 틀림이나 오류가 없습니다.

전하지 않는 것만이 유일한 잘못이며 직무유기일 뿐입니다.

이 책이 세상에 나올 수 있도록 토대를 만들어 주신 저의 오랜 믿음의 가족들에게 주님의 사랑과 평강을 전합니다. 내가 전도자로 서기까지 기도와 말씀으로 함께해 준 나의 큰 올케 구정희 사모와 남동생 박호헌 목사의 고마움을 기억합니다. 책이 출간되기까지 함께해 주신 북코치 봉은희 교수님 그리고 두란노 가족에게도 감사드립니다. 전도자의 삶을 걸어올 수 있게 사랑과 격려로 함께해 준 남편 장관식 장로와 두 아들 용화와 성화, 두 며느리 탁순영, 차미진, 두 손녀 하린, 이은이에게도 감사를 전합니다. 부족한 종을 지금까지 전도자로 인도해 주신 하나님께 모든 영광 올려드립니다.

2024년 10월

나비전도학교 대표 박남혜 목사

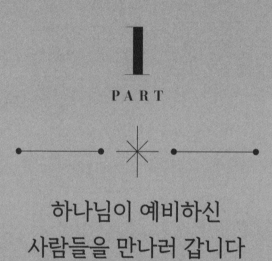

PART 1

하나님이 예비하신
사람들을 만나러 갑니다

은혜의 문을 열어 두세요

무더위가 기승을 부리던 8월의 어느 화요일, 아파트에 장이 서는 날이다. 동네 사람이 무려 300~400명이나 장을 보러 나왔다. 그날도 나는 장터 입구에 서서 여느 날처럼 행인들을 향해 복음을 전했다.

"예수 믿고 구원받으세요. A 교회로 오세요."

내 앞으로 붉은색과 검은색 체크 무늬 임신복을 입은 여성이 지나갔다.

"예수 믿습니까? 예수 믿으세요. A 교회로 오세요."

여성은 말없이 웃으며 지나갔다. 대개 종교가 있는 사람은 "불교예요" "천주교예요" 아니면 "교회 다녀요" 하면서 자기 종교를 밝히기 마련이다. 그런데 이렇게 조용히 웃기만 하는 것이 수상했다. 분명 교회와 연관이 있는 사람 같았다. 그러고 한참 시간이 지났는데, 그 임신부가 또 지나갔다. 시장바구니가 가득 찼다. 나는 다시 소리를 높였다.

"예수 믿으세요. A 교회로 오세요."

오후에는 근처 아파트 동 하나를 정해 위층부터 노크하며 축호(가
가호)전도를 하면서 내려왔다. 그런데 중간층쯤 왔을 때 문을 빼꼼
열어 둔 집이 보였다. 보통 축호전도를 하다 보면, 이렇게 문을 열어
둔 집이 더러 있다. 그런 집은 성령께서 전도하라고 지시하시는 집이
많았다. 내심 기대하며 그 집을 조심스럽게 들여다보았다. 그런데 이
게 웬일인가. 오전에 아파트 장터에서 만난 여성이 있었다. 그녀는 아
까 본 그 체크 무늬 임신복을 입은 채 쉬고 있었다.

나는 노크를 하며 인기척을 내었다.

"또 만나네요. 어떻게 하루에 세 번씩이나 만나죠? 하나님의 인도
하심이 있네요. 시원한 물 한 잔 마실 수 있을까요?"

말을 건네면서 나는 집 안으로 어깨를 깊이 밀어 넣었다.

"저는 A 교회 박남혜 집사이고, 지금 신학생입니다."

불편해할 줄 알았는데 의외로 그 여성은 나를 반갑게 맞아 주었
다. 이런저런 대화를 주고받다가 그녀는 선뜻 자기 가정을 소개했다.

"사실 우리 남편은 모태 신앙인이에요. 갓난아기 때부터 십여 리
되는 교회를 어머니 등에 업혀서 새벽기도회에 다닐 정도로 열심이
있는 가정에서 신앙생활을 했대요. 그런데 그만 시어머니가 이단(구원
파)에 빠지면서 자연스럽게 이단 교회에 열심히 다녔다고 해요. 중고
등부 회장으로 성경 공부를 하던 중이었는데 '구원파 오대양 사건'이
터지면서 신앙 정체성이 흔들렸대요. 다행히 그 일로 이단에서 빠져
나오게 됐어요. 그런데 그 후로 자기가 섬기던 신앙공동체를 어디서

도 찾을 수 없다는 생각에 수년간 어떤 교회에도 다니지 않고 세상과 벗하며 살았대요. 그러면서 저와 결혼했고 7년 후 분가하면서 남편도 다시 교회에 다녔어요. 제가 옆에서 하도 열심을 내니 그 덕분에 간신히 교회에 나가기는 하는데, 그저 주일에만 다니는 무늬 교인이에요. 이번에 수원으로 이사 와서 1년 반 동안이나 출석할 교회를 찾고 있는데, 아직도 마음 붙일 교회를 정하지 못했어요. 지금 뱃속 아기 위로 두 딸이 있고, 두 달 후면 출산해요."

역시 하나님의 예비하심이 있었다. 나는 당장 두 딸을 우리 교회 어린이부로 인도했다. 얼마 안 있어 아기 엄마는 삼대 독자를 출산했고, 나도 함께 기뻐하며 축하해 주었다. 나는 내복을 사서 선물하고, 몸조리가 끝날 즈음에 다시 말을 붙였다.

"우리 교회에 등록을 안 해도 되니 예배에 나와 보세요. 3대 독자가 태어났으니, 목사님께 축복기도도 받읍시다."

결국 아기 엄마는 12월에 남편과 같이 주일 예배에 참석했고, 목사님의 축복기도를 받았다. 내가 미리 '등록은 아직 하지 않았는데, 삼대 독자 아기 부모가 왔으니 축복해 주세요'라는 글을 적은 메모지를 목사님에게 전했고, 목사님은 부부와 아기를 강대상으로 불러 이름을 부르며 간절히 축복기도해 주었다. 아기를 꼭 안고 기도하시던 목사님 모습이 기억에 남는다.

그 후 다시 그 집에 심방을 갔더니, 아기 엄마가 이번엔 다른 신앙 상담을 해왔다. 남편이 하루도 빠짐없이 술을 마시고, 담배도 하루에 네 갑씩 피운다고 했다. 직장이 국영기업 영업부라 술자리가 잦은 편이란다. 나는 에베소서(1:17-19) 말씀을 펼치고 그 안에 남편의 이름을 넣어서 선포했다.

"우리 주 예수 그리스도의 하나님, 영광의 아버지께서 지혜와 계시의 영을 김○○에게 주사 하나님을 알게 하시고, 김○○의 마음의 눈을 밝히사 그의 부르심의 소망이 무엇이며, 김○○ 안에서 김○○ 기업의 영광의 풍성함이 무엇이며, 그의 힘의 위력으로 역사하심을 따라 믿는 김○○에게 베푸신 능력의 지극히 크심이 어떠한 것을 김○○로 알게 하시기를 구하노라."

하나님 말씀을 외우면서 남편의 이름을 넣어 천 번 기도해 보자고 했다. 하루에 한 번뿐만이 아니라, 열 번이라도 말씀을 붙잡고 기도하자고 권면했다. 아예 메모지를 싱크대에 붙여 놓고 '바를 정'(正) 표시로 기도한 횟수를 세라고 일러 주었다. 아기 엄마는 열심히 말씀을 붙잡고 기도하기 시작했다.

또 다른 전략으로 나는 이 부부를 주일학교 교사로 섬길 수 있도록 인도했다. 부부는 열심히 교회학교 교사로 헌신하기 시작했고, 시

26

간이 흐르면서 '교인'이었던 부부가 비로소 '성도'가 되어 갔다. 가정 예배용 주보를 만들어 예배를 드리는 등 기도생활도 게을리하지 않았다. 결국 그들은 같은 시기에 인격적으로 하나님을 만났다. 그러더니 이제는 자신이 만난 하나님을 전하기 시작했다. 맡은 직분에도 충실히 임해 주었다. 전도부장, 소년부 부장을 맡을 때마다 성실하고 확실하게 행정 처리를 해주는 일꾼으로 변해 갔다.

무엇보다 하나님은 남편에게 은혜를 부어 주셨다. 이제 그는 회사에서 신우회 부회장을 맡아 회사 선교에도 열심이다. 많은 직원이 남편 김 집사의 입을 통해 들은 하나님을 알고 싶어 하더니, 어느덧 교회 다니는 사람이 많아졌다.

어느 총동원 주일, 김 집사는 직장 동료 한 사람을 전도해 왔다. 고등학교 때 몇 번 교회에 나간 적이 있었다는 직장 동료였다. 직장 동료 또한 복음을 듣고 일 년 동안 빠짐없이 예배를 드리며 신앙생활을 잘했다. 그런데 안타깝게도 그 직장 동료는 47세라는 젊은 나이에 먼저 천국으로 갔다. 직장에서의 과로가 주요 원인이 되었다. 큰 슬픔에도 다행히 부인은 마음을 잡고 아이들과 열심히 신앙생활을 잘하고 있다. 하나님의 예비하심은 우리가 측량할 수 없다. 김 집사를 통해 직장 동료가 구원을 받고 먼저 하나님 품에 안겼으니 말이다.

❖ 생명을 살리는 은혜입니다 ❖

김 집사네 삼대 독자 아들이 여섯 살 되던 해였다. 김 집사가 건강검진을 받았는데, 갑상선 암 판정을 받고 수술을 받았다. 그리고 15일 후에 다시 내원하라고 해 병원에 갔더니, 갑상선 아래 흉선에서 오래전부터 암이 진행됐고, 그게 갑상선으로 전이된 거라고 했다며 소식을 전했다. 흉선암은 희귀질환인데, 당시 한국에서 흉선암은 약도 없고, 치료도, 수술도 할 수 없었다. 인간의 방법으로 할 수 있는 게 없는, 청천벽력 같은 소식이었다. 김 집사는 몸부림치며 기도원에 다녔다. 성경도 열심히 읽어 10독을 했다. 그리고 두 달 동안 매일 새벽기도 자리를 지키며 담임목사님의 안수기도를 받았다.

나도 가만있을 수 없겠다 싶어 전도팀장인 조 권사와 함께 금식기도를 시작했다. 김 집사는 어린 아들을 데리고 강남금식기도원에서 금식하고, 조 권사와 나는 이사야 53장 5절, 58장 6절 약속의 말씀을 붙들고 기도했다.

"예수님이 찔림은 김○○의 허물 때문이요 예수님이 상함은 김○○의 죄악 때문이라. 예수님이 징계를 받으므로 김○○은 평화를 누리고 예수님이 채찍에 맞으므로 김○○은 나음을 받았도다!"

"내가 기뻐하는 금식은 흉악의 결박을 풀어 주며 멍에의 줄을 끌러 주며 압제당하는 김○○을 자유하게 하며 모든 멍에를 꺾는 것이 아니겠느냐."

금식기도가 끝나는 날 새벽 2시였다. 기도하는 중에 하나님이 환상을 보여 주셨다. 김 집사가 앉아 있는데 치마 밑으로 무당벌레만 한 까만 벌레 수십 마리가 빠져나와 도망가고 있었다. 너무 신기했던 나는 늦은 시간이라는 사실도 잊고 김 집사에게 전화했는데, 웬일로 금방 전화를 받았다.

"집사님, 이 시간에 어떻게 깨어 있어요?"

"그러게요. 잠이 들었는데 이상한 꿈을 꿔서 금방 일어났어요."

"꿈이요? 어떤 꿈인데요?"

"꿈에 담임목사님이 제게 어디가 제일 아프냐고 물으셔서 '목사님, 등판이 불에 지지는 것처럼 아픕니다'라고 했더니 손가락으로 짚으면서 두 번 안수해 주셨어요. 꿈이지만 너무 신기해서 지금 깨어났는데 이상하게 등이 아프지 않아요."

그 말에 나도 덩달아 기뻐하며 방금 기도할 때 하나님이 보여 주신 환상 이야기를 들려주었다. 그리고 며칠 후 김 집사가 다시 병원에서 검사를 받았는데, 담당 의사가 깜짝 놀랐다.

"어? 어떻게 된 거지? 암 덩어리가 없어졌어요. 참 신기한 일이네요."

우리는 하나님이 김 집사를 만져 주셨고 깨끗이 고쳐 주셨다고 믿는다. 곁에서 치유의 과정을 생생히 본 우리는 하나님의 은혜에 놀라지 않을 수가 없었다.

"할렐루야! 감사합니다. 하나님은 치료자이시며, 생명의 주인이십니다."

김 집사는 하나님의 만지심을 경험한 후 생명을 낳으라는 주님의 음성에 순종해 교회 안의 모든 암 환자를 다 심방하고 위로하며 힘을 주는 '암 환자 전도자'가 됐다.

지금은 두 부부가 장로, 권사가 됐다. 처음엔 '예수 믿고 A 교회에 나오라' 하는 내 전도 소리가 짜증이 나고 싫었다는데, 이제는 부부가 나란히 거듭난 인생을 살고 있다. 덕분에 하나님의 통로자로, 전도 팀장으로 오래 같이 수고했다. 아이들이 자라나 큰딸은 법무 공무원이 되었고, 막내아들은 모태신앙인이 되었다며 간증 시간에 내게 감사를 전해 주었다. 그 아들이 잘 자라 지금은 대학생인데, 주의 길을 가겠다면서 CCC 선교회에서 이 무더운 여름에 중국 선교에 다녀왔다. 곧 입대를 앞두고 있다며, 기도를 부탁해 왔다.

원 포인트 전도 레슨

선교 훈련은 이웃에서부터 시작하세요

전도의 기본은 가까운 곳에서부터 전하는 것이다. 예수님은 가장 가까운 마을에서부터 전도하셨다. 타 문화권에서 전도하는 것은 선교이다. 내 마을, 내 도시, 내 나라에서 전도하는 것에는 관심이 없으면서, 타 문화권 선교만 지향한다면 그것은 균형을 잃은 것이다. 선교와 전도 훈련은 내 이웃과 내 마을에서부터 시작해야 한다. 주님은 사도행전 1장 8절에서 우리에게 성령이 임하시면 '땅끝' 이전에 내 삶의 터전인 '예루살렘과 유대와 사마리아' 지역에서 증인 된 삶을 살 것이라고 말씀하셨다. 해외 단기 선교를 다녀와 선교지에서 하나님이 한 영혼을 얼마나 사랑하시는가를 체험했다면, 돌아와서 제일 먼저 가까운 친구부터 전도해야 한다. "너희도 그들 중에서 예수 그리스도의 것으로 부르심을 받은 자니라"(롬 1:6)라고 한 바울의 가르침을 기억하자.

치료자 예수님을 믿습니까

어느 무더운 여름, 수원의 아파트 놀이터 벤치에 50대 초반의 여성이 힘없이 앉아 있었다. 아담한 키에 조금은 말랐다. 거기다 얼굴이 까맣고 혈색이 없는 게 누가 봐도 환자라는 걸 알 수 있었다. 나는 그녀에게 다가가 말을 걸었다.

"안녕하세요? A 교회에서 나왔어요. 예수 믿습니까?"

그녀는 나를 바라보기만 했다.

"예수님은 치료자이십니다. 예수 믿으세요."

몸이 불편해 보여 나는 전도지만 건네주고 그 자리를 떠났다. 그 후로도 동네에 전도를 나가면 일주일에 두 번 정도는 그녀를 만날 수 있었다. 오가며 반갑게 인사를 나눌 정도로 낯을 익혔다. 뜨거운 여름이 지나고 가을의 문턱에 들어서니, 아침저녁에는 제법 선선했다. 그무렵 그녀가 주일 예배에 왔다. 내심 반가웠지만, 부담될까 봐 눈인사만 했다. 편히 예배드리라고 등록도 권하지 않고 이름도 묻지 않았다.

그리고 그 다음해 2월 즈음, 그녀가 친구로 보이는 사람과 함께 예배드리는 것이 보였다. 예배를 마치고 로비를 지나가는데, 그 친구와 마주쳤다. 친구가 내게 한마디를 툭 던졌다.

　　"내 친구가 신장이식 수술을 해요."

　　나는 그제야 그녀의 이름을 물었고, 친구가 김○○ 성도라고 알려주었다. 월요일 아침 6시에 전도 팀장과 같이 병실을 찾았다. 그녀는 신장을 이식해 줄 사람과 같이 앞뒤 방에 입원해 있었다. 우리는 김○○ 성도와 신장을 줄 사람에게도 간절히 기도해 주었다. 그렇게 김○○ 성도는 수술실로 들어갔다.

　　수술 후 면회는 세균 감염 우려로 3일 후에나 된다고 해서 우리는 3일 후에 다시 병원을 방문했다. 그런데 병실 분위기가 심상치 않았다. 병실 안에서 환자인 그녀의 남편과 법무사가 서류를 작성하고 있었다. 궁금한 마음에 나는 조심스럽게 물었다.

　　"김○○님, 혹시 무슨 일이에요?"

　　"3일 전에 이 병원에서 여러 사람이 신장 이식 수술을 받았대요. 신장 이식 수술이 성공적으로 잘되면 수술한 날 오후부터 900cc의 소변이 나와야 한대요. 다른 환자들은 수술이 잘돼서 문제가 없는데, 저만 계속 피가 나왔어요. 과장님에게 물어봤더니, 수술실에서 제게 이식할 신장을 옮기던 중에 바닥에 떨어뜨렸대요. 어쩔 수 없이 저는 신장의 껍질이 벗겨진 채 이식했다고 해요. 의료사고죠. 그래서 남편이 재판을 준비하고 있어요."

　　병실 공기가 몹시 무거웠다. 나는 병실 커튼 뒤에서 잠깐 기도했다.

'주님, 이런 심방은 처음인데 어떻게 해요?'

그때 성령께서 생각을 주셨다. 5년 전 담임목사님이 했던 설교 말씀이 머리에 들어왔다. 깨끗한 물을 담은 병 두 개를 준비해 두고 a 물에는 욕설하고 저주했더니 물이 썩어 버렸고, b 물에는 축복의 말을 했더니 영롱한 육각수가 만들어졌다는 내용이었다. 나는 다시 김○○ 성도에게 다가가 말했다.

"주님이 지혜로운 생각을 주시네요."

나는 그녀의 오른손을 들어 수술한 부위에 얹었다.

"예수님의 이름으로 김○○의 신장을 사랑하고 축복합니다."

이렇게 계속 선포 기도를 하라고 일러주고 돌아왔다. 다음날 아침 일찍 출근해 그녀에게 전화해 보았다. 하루 만에 목소리가 완전히 달라져 있었다. 밝게 상기된 목소리였다.

"전도사님, 정말 신기해요. 전도사님 가시고 나서 깨끗한 오줌이 나왔어요."

"할렐루야, 하나님 감사합니다. 하나님이 하셨네요."

김○○ 성도는 이후 퇴원하여 건강한 모습으로 주일 예배에 참석했고, 교회에도 정식으로 등록했다. 만남부터 등록까지 정확히 13개월이 걸렸다.

원 포인트 전도 레슨

전도자라면 긍정의 말, 사람을 살리는 말을 사용하세요

하나님은 전도자에게 말의 권세와 능력을 입혀 주신다. 평소 긍정의 말, 창조적인 말, 사람을 살리는 생명의 언어를 사용하는 전도자가 되어야 한다. 그래야 나도 살고, 상대도 살릴 수 있다. 내 안에 내주하시는 주님의 생명의 기운이 상대에게 전해져서, 그 기운에 자석처럼 이끌려 오게 하는 것이 전도다. 그럴 때 상대도 행복하고, 나 스스로도 보람을 느낀다. 전도자에게는 이런 것들이 몸에 배어 있어야 한다.

네 입의 말로 네가 얽혔으며 네 입의 말로 인하여 잡히게 되었느니라 잠 6:2

사람은 입에서 나오는 열매로 말미암아 배부르게 되나니 곧 그의 입술에서 나는 것으로 말미암아 만족하게 되느니라 죽고 사는 것이 혀의 힘에 달렸나니 혀를 쓰기 좋아하는 자는 혀의 열매를 먹으리라 잠 18:20-21

말씀만 읽었는데 기적이 일어났어요

2010년 12월 30일, 한 해의 마지막을 장식하듯 함박눈이 펑펑 내렸다. 하늘이 보이지 않았고 앞도 분간할 수가 없을 정도였다. 4시 10분, 나는 수원시 영통구 영통동 황골마을의 한 아파트 앞에 있었다. 일전에 축호전도하던 중 만났던 젊은 엄마를 만나기 위해서다. 친정은 예수를 믿는 가정인데, 결혼하고 6년 동안 교회에 한 번도 가지 못했다고 했다. 믿음 생활을 쉬고 있는 젊은 엄마 가정을 재방문하려고 했는데, 그때마다 만나지 못했다. 그날도 방문하려는데 눈이 너무 많이 내려서 아파트 입구에서 하늘만 올려다보고 있었다. 손에는 화장지 선물을 든 채로였다.

그때 마침 그녀가 아이 둘을 데리고 아파트 입구로 뛰어 들어왔다. 나는 반갑기도 하고, 지금 기회를 놓치면 안 되겠다는 생각에 다가가 말을 걸었다.

"안녕하세요, 저 기억하세요? A 교회에서 나온 박남혜 전도사예요."

"네, 안녕하세요. 그렇지 않아도 교회에 가려고 마음을 먹고 있는데, 어떻게 해야 할지 망설이던 중이에요."

반가운 마음에 나는 아이 엄마를 따라 집 안에까지 따라 들어갔다. 그제야 내 눈에 여섯 살짜리 아들에게 자폐가 있는 것이 보였다. 아이 엄마 말로는 언어장애, 행동장애, 공포, 불안이 있어 3년 동안 언어치료, 놀이치료, 감각통합치료를 받고 있다고 했다. 한 달 교육비로만 120만 원이 나가는데, 크게 호전되지 않는다며 답답한 마음을 꺼내 놓았다. 대화 중에 나는 하나님이 아들을 통해 이 가정을 부르신다는 것을 눈치챌 수 있었다. 그래서 제안을 하나 했다.

"몇 년을 치료해도 진전이 없으니, 이제는 유치원만 보내고 하나님의 방법으로 해봅시다."

아이 엄마는 흔쾌히 그러겠다고 했다. 나는 그 자리에서 찬송가 250장 〈구주의 십자가 보혈로〉 반주를 휴대전화로 틀어 놓고 곡조를 익히며 같이 부르게 했다. 그리고 창세기 1장을 내가 먼저 선창하고, 아이 엄마가 뒤따라 읽게 했다. 자기도 모르게 예배를 드린 것이다.

"태초에 하나님이 하늘과 땅을 만드셨습니다."

옆에 있던 아들이 눈을 껌벅거리며 우리의 모습을 보고 있었다.

그날부터 매주 화요일 나는 그 집으로 심방을 가서 예배를 드렸다. 수요일과 금요일 저녁에는 전화해서 예배를 드렸는지, 성경을 읽었는지 확인했다. 그리고 아이 엄마에게는 《글 없는 책》으로 복음을 전했다. 《글 없는 책》은 전도용으로 두루 쓰이는 소책자인데, 그 어떤 글과 그림 없이 색깔로만 이루어져 있다. 책을 펼치면서 초록색, 까만

색, 빨간색, 흰색, 금색으로 상징되는 복음을 설명하고 영접기도를 하게끔 인도한다.

"저와 함께 영접하는 기도를 드립시다. 진실한 마음으로 저를 따라하시기 바랍니다. 하나님 아버지! 저는 죄인입니다. 예수님이 내 모든 죄를 대신 지시고 십자가에서 죽으신 것을 믿습니다. 이제 내 마음의 문을 열고 예수님을 나의 구주로 영접합니다. 이제부터 예수님만 믿고 살겠습니다. 예수님의 이름으로 기도합니다. 아멘!"

이렇게 기도를 따라하게 한 후 내가 믿음으로 선포했다.

"이제 당신은 하나님의 자녀가 되었습니다. 당신의 이름이 하늘나라 생명책에 기록됐습니다. 열심히 예배를 드리고 말씀 보고 기도합시다. 교회에서 봉사할 수 있으면, 자원해서 봉사도 해보세요. 그래야 신앙이 성장합니다."

다음 주 수요일 예배를 마치고 나는 장로인 남편과 같이 아이 아빠를 만나러 갔다. 아이 아빠에게도 복음을 전하고 영접기도를 하게 했는데, 그 주 주일에 온 가족이 교회에 방문해 등록까지 해주었다. 아이 엄마는 밤 예배와 성경 읽기가 끝나면, 아이에게 간식을 주기도 하고 선물로 천 원씩 용돈을 주기도 했다. 이렇게 8개월 정도 꾸준히 예배와 함께 성경을 읽게 했다. 주일에는 예배를 드린 후 내 차에서 만나 성경을 읽게 하고 기도를 해주었다. 처음에는 그냥 듣기만 하는 정도였다.

2011년 9월 셋째 주 수요일 밤이었다. 예배 후 나는 남편과 같이 학교 운동장에서 걷기 운동을 하고 있었다. 아이 엄마에게서 전화가 왔다.

"전도사님, 하나님이 진짜 살아 계신가 봐요. 우리 아이가 갑자기 말을 하기 시작했어요. 한꺼번에 숫자도 셌어요. 지금 처음으로 새우 깡을 사러 간다고 해서 우리 부부가 뒤따라 나가고 있어요."

아이 엄마는 무척이나 상기되어 있었다. 나는 하나님이 하신 일에 감사를 드렸다.

"하나님이 하셨네요. 하나님은 생명의 주인이십니다."

성경을 읽기만 했는데도 자폐가 호전되다니, 나 또한 기쁨이 충만했다. 하나님께 너무나 감사했다. 그 주 주일 아이 엄마는 예쁘게 화장하고 교회에 왔다. 그러고 보니, 화장한 모습을 그날 처음 보았다.

❖하나님은 아토피도 치료하십니다❖

2012년 3월 아이의 자폐가 많이 호전되어 갈 무렵, 이 가족은 영통에서 용인시 처인구로 이사했다. 이사한 곳에서 우리 교회까지 오려면 자동차로 한 시간이나 걸렸다. 나는 무리하지 말고 동네에 있는 교회에 나가라고 권유했다.

한번은 아이의 상태도 궁금하고 어떻게 지내나 싶어 연락해 보았다. 그랬더니 이 가족이 교회에 나가지 않고 있었다. 동네에 있는 교회에 나갔는데 아이가 예배에 방해가 된다는 소리를 듣고 마음을 다친 이후로 발을 끊은 것이었다. 안타까운 마음에 나는 남편과 함께 가끔씩 이들에게 심방을 다녀왔다.

시간이 지나 다행히 아이를 특수반이 있는 학교에 입학시킬 수 있게 되어 이들 가족이 다시 수원시 서둔동으로 이사했다. 우리 교회까지 차로 30분 거리였다. 이번에도 매주 출석하기 어렵겠다 싶어서 다른 교회를 찾기로 했다. 한데 작은 교회들은 자폐가 있는 아이를 받아들이기가 어려운 실정이었다. 이번에도 가족 모두 주일성수를 쉬고 있었다.

그러던 중 아이가 많이 호전되어 특수반에서 일반반으로 옮겼다기에, 남편과 같이 밤에 심방을 갔다. 오랜만에 만난 아이는 이전에 비해 의사소통이 분명해졌다. 수학도 100점을 받아 온다고 했다. 2016년 2월부터 가족 모두가 다시 우리 교회로 출석하게 됐다.

이 집에는 자폐가 있는 아이 말고도 아토피로 고생하는 둘째 아들이 있었다. 온몸이 아토피피부염으로 진물이 흐르고, 악어 피부 같은 상태였다. 7년 동안 아토피가 심해서 시골의 공기 좋은 곳으로 갔지만 고치지 못했다고 했다. 다시 우리 교회로 왔던 날, 이번에는 교사들이 합심해서 기도했다.

"온몸을 잡고 있던 아토피는 십자가 보혈의 능력으로 치료되고 다 나을지어다."

놀랍게도 그동안 무슨 짓을 해도 낫지 않던 아토피 피부염이 그날 이후 깨끗하게 나았다. 지금 둘째 아이의 피부는 백옥같이 깨끗해졌다. 놀라운 기적을 두 번이나 체험한 아이 엄마의 입에서는 또 하나님을 향한 찬양이 쏟아져 나왔다.

"하나님이 살아 계시긴 한가 봐요. 아니, 살아 계신 하나님을 확실
히 믿어요!"

죽은 자도 살리신다기에
찾아왔습니다

11월 어느 주일이었다. 32세의 젊은 엄마가 교회에 등록하고 우리 교구로 배치됐다. 그럴 땐 전도사인 내가 먼저 심방하여 날짜를 정하고, 담임목사님과 등록 심방을 간다.

이 가정에 네 살 된 둘째 아들이 있었다. 아이에게는 태어날 때부터 신장에 물이 차는 수신증과 생식기가 부어 배뇨가 어려운 장애가 있었다. 아이는 뱃속에서 나오자마자 울음과 동시에 경기를 했다. 숨을 쉬지 못하고 몸이 굳어졌는데 울음이 터지더니 몸이 풀어졌다. 그 후로도 경기는 계속되었다. 입에서 거품이 나오면 혀가 말릴까 봐 거즈를 입 안에 넣어 주는데, 간신히 잠이 들어도 겨우 두 시간밖에 못 잤다. 그렇게 자고 깨며 하루에 대여섯 번 경기를 했기 때문에, 엄마와 아이는 바깥출입을 할 수가 없었다. 병원에서는 자연 치유가 되기도 하니 지켜보자며 약을 주지 않았다고 한다. 한데 4년을 기다려도 아무런 진전이 없었다.

아이 엄마가 교회에 나오게 된 직접적 동기가 이 아이 때문이었다. 아이 엄마는 근심으로 가득했다. 때마침 같은 동네에 사는 권사님이 교회에 가서 예수 믿자고 계속 전도를 하기도 했고, 어릴 때 초등학교 6학년까지 충청도 괴산에 있는 교회에 다녔던 기억이 있어서 교회에 가보자 마음먹었다고 했다. 어릴 적 예수님이 죽은 자를 살리신다는 이야기를 들은 적이 있었던 것이다. 시댁과 친정 누구도 교회에 나가는 사람이 없었지만, 엄마는 오로지 아이를 살리고픈 간절한 마음으로 교회에 나왔다.

나는 매주 목요일 2시에 이 가정에 예배를 드리러 갔다. 보혈 찬송을 부르고 사복음서에 나오는 치료의 말씀을 읽었다. 아이는 살이 하나도 없고 뼈만 앙상하게 남았다. 나는 이 작고 연약한 아이를 안고 이름을 부르며 간절히 기도했다.

"예수님의 보혈로 ○○○의 죄를 씻어 주시고 성령의 불로 태워 주옵소서. 예수님의 이름으로 깨끗이 나을지어다!"

10개월 동안 한 번도 빠짐없이 예배를 드리고 기도했다. 그리고 어느 날부턴가 심방을 가면, 아이 엄마는 밝은 얼굴로 아이의 호전 상태를 전해 주었다.

"전도사님, 아이가 오늘은 경기를 다섯 번밖에 안 했어요."

또 다음 주에 가면 엄마는 더 밝은 목소리로 "오늘은 네 번 경기했어요" 했다. 네 번이 세 번이 되고, 세 번이 두 번이 되더니, 어느 날은

"전도사님, 이번 주에는 아이가 한 번도 경기를 안 했어요!" 했다. 우리는 서로 환호하며 할렐루야를 외쳤다.

"할렐루야! 생명의 주인 되시는 하나님이 완치해 주셨습니다. 하나님이 하셨습니다."

한 번도 교회에 가본 적이 없다던 아이의 아빠는 이제 주일마다 하루 종일 교회 차를 운전하는 집사가 됐다. 아이 엄마는 토요일마다 교회 청소를 하고, 전도대가 모이는 날은 일찍 와서 필요한 모든 준비를 다 담당해 주는 집사가 됐다.

원 포인트 전도 레슨

새신자는 반드시 예배 참석과 성경공부로 양육하세요

전도란 새신자를 교회에 등록시키는 것만으로 끝나지 않는다. 새신자가 예수님을 인격적으로 만나고 성숙한 성도의 길을 갈 수 있도록 전도자는 지속적인 돌봄과 양육을 펼쳐야 한다. 그러려면 주일 성수, 구역예배, 성경공부, 감사(십일조) 생활 등을 소홀히 해서는 안 된다. 전화나 만남을 통해 꾸준히 독려하고 함께해야 한다. 신생아를 낳아 기르는 원리와 같다. 전도는 무한한 기도와 생명 사랑과 인내가 있어야 하는 일이다. 시간을 들여 전도하고 꾸준히 기도를 쌓으면, 그 결실은 하나님이 책임져 주신다.

나는 심었고 아볼로는 물을 주었으되 오직 하나님께서 자라나게 하셨나니 고전 3:6

죽고 싶은 인생이라도
하나님께 나아가십시다

2008년, 유명한 배우의 자살이 있던 해다. 전도하려고 아파트 정자에 앉아 있으니, 동네 아주머니 한 분이 말을 건넸다. 그곳에서 하도 전도를 많이 하니, 누구라도 내 얼굴을 알고 있었다.

"152동 ○○호에 가봐요. 젊은 엄마가 이상해요."

며칠을 그 집 앞을 맴돌다가, 마침 문을 열고 나오는 자매를 만났다.

"안녕하세요? A 교회 전도사입니다. 예수 믿으세요."

자매는 나를 흔쾌히 반기며 집 안으로 초청해 주었다. 그런데 집 안 어디도 발 디딜 틈이 보이지 않았다. 청소는 물론이고, 온갖 물건이 늘어져 정리가 안 되어 있었다. 어린 딸을 키우는 32세의 젊은 엄마는 우울증을 심하게 앓고 있었다. 남편이 출근하면 매일 죽고 싶다고 생각하며 하루를 산다고 했다.

그녀의 우울증은 7세 때부터 시작되었다. 어느 때는 귀신도 본다고 했다. 친정엄마는 3세 아이인 그녀를 업고 점집을 다녔고, 아직까지 교회는 나가 본 적이 없다고 했다.

그래도 권유를 받아 우리 교회에 등록은 했다. 그러나 교회 분위기에 적응하지 못하고 겉도는 듯했다. 마음이 내키면 한 달에 한 번 주일 예배에만 나왔고, 구역예배는 참석하지 않았다. 그래서 나는 일주일에 한 번씩 그 집을 찾아가 자매와 같이 예배를 드리고, 시간이 날 때마다 만나 이야기도 자주 나눴다. 하지만 그때뿐이고, 몇 달 후엔 아예 주일 예배에도 나오지 않았다.

그러던 어느 날 자매에게 전화가 왔다. 자기 집에 빨리 와 달라고 했다. 부리나케 가 보니 자매의 온몸이 퉁퉁 부어 눈도 보이지 않을 정도였다. 우울증 약을 한꺼번에 많이 먹었는데, 이상하게 죽지 않았다며 낙심하는 어조로 말했다. 기가 막혔다. 어처구니가 없었지만, 성경 말씀을 읽고 기도해 준 뒤 돌아왔다. 일주일 후에 또 전화가 왔다. 이번에는 목에 붉은 자국이 선명하게 나 있었다. 죽고 싶어서 넥타이로 목을 졸랐다고 했다. 예배를 드리고 왔지만, 내 힘으로는 자매를 구할 수 없겠다는 생각이 들었다. 나도 모르게 두려움이 엄습해 왔다.

2008년 7월, 여름휴가를 받아 3일 동안 그녀를 위해 금식하며 기도했다. 내게 맡겨 주신 영혼이니만큼 예수 믿고 구원을 받아야 하는데, 혹여 자살했다는 소리라도 듣게 될까 봐 걱정이 되어 절로 기도가 나왔다. 때마침 자매에게서 집에 와 달라는 전화가 왔다. 집에 가 보니 자매의 얼굴이 사색이 돼 있었다. 책상에는 성경책이 펴져 있었다. 낯선 그 광경에 내가 의아해하자, 그 자매는 한 주간에 일어났던 일을 이야기해 주었다.

자매에게는 결혼하지 않은 친한 대학 동창이 있는데, 그 친구가 병원에 입원했다. 친구가 보고 싶어서 아이를 친정엄마에게 맡기고 진주로 내려가는 중에 친구가 이미 운명했다는 소식을 들었다. 부랴부랴 장례식장에 갔는데, 죽은 친구의 목소리가 들렸다.

"내가 지금까지 살아오면서 부모님에게 감사하다고 한 적이 없으니, 나를 대신해 이 말을 전해 줘."

친구의 목소리가 환청으로 들렸으나, 처음에는 대수롭지 않게 생각했다. 그런데 반복해서 들리자, 견딜 수가 없었다. 그래서 친구 부모에게 감사의 말을 전했더니 그제야 환청이 사라졌다. 그런데 두 번째 환청이 들렸다. 그 친구에게는 책이 참 많았는데, 책을 다 태워 달라고 했다. 다시 친구 부모에게 이야기하고, 장례가 끝난 후 친구의 책을 같이 다 태워 주었다. 그리고 집으로 돌아왔다. 인생의 허망함을 느낀 자매는 이렇게 살면 안 되겠다는 마음과 두려움에 성경을 펼쳤다. 그런데 그때 다시 죽은 친구의 목소리가 들렸다.

"싫어, 보지 마. 싫어, 보지 마."

친구의 환청이 들리자, 자매는 너무 무서워서 떨리는 손으로 내게 연락한 것이다.

"전도사님, 여기는 20층인데 제 귀에 '뛰어내려, 뛰어내려'라는 환청이 들려와요. 어떻게 하면 좋아요? 무서워요."

"자매님, 그 친구의 환청을 물리쳐야 해요. 안 그러면 진짜로 여기서 뛰어내릴 수도 있어요. 이건 친구가 아니라 사탄 마귀의 짓이에요.

자매님을 망하게 하려는 거예요. 살고 싶으면 예수를 붙잡아야 해요. 주일 예배에 빠지지 말고 맨 앞자리에 앉아서 예배를 드립시다. 그럼 살 수 있어요."

나는 그 자리에서 찬송가 252장 〈나의 죄를 씻기는〉과 254장 〈내 주의 보혈은〉을 연달아 부르고 예배를 드렸다. 몇 번이고 계속 찬송을 불렀다. 자매는 괴로움으로, 나는 안타까움으로 울며 찬송을 불렀다. 그리고 이사야 53장 5절 말씀을 읽었다.

"예수님이 찔림은 ○○ 자매의 허물 때문이요 예수님이 상함은 ○○ 자매의 죄악 때문이라. 예수님이 징계를 받으므로 ○○ 자매는 평화를 누리고 예수님이 채찍에 맞으므로 ○○ 자매는 나음을 받았도다!"

그때부터 자매는 주일 오전 7시 30분에 교회에 나와 제일 앞자리에 앉아 예배를 드리기 시작했다. 2008년 9월 14일, 추석이면서 주일이었다. 자매의 시댁이 여주인데, 주일 첫 예배를 드리기 위해 제사상을 차려놓고 부지런히 운전해 교회에 올 정도가 됐다.

한번은 주일에 자매가 탄식하고 울며 내게 신앙고백을 했다.

"전도사님, 내가 죄인입니다."

그 후로 자매는 주일 예배를 마치고 나면, 담임목사님에게 기도를 받곤 했다. 그렇게 점차 우울증이 나아지더니 이제는 다 치료됐다. 지금은 서울로 이사해서 남편도 같이 신앙생활을 한다. 현재 자매는 우울증 환자에게 예수를 전하는 전도자가 됐다. 가끔 도움이 필요하면 연락이 온다.

이렇게 하나님을 만나면 생명이 살아나고, 가정에서 천국의 삶을 누리게 된다. 그래서 나는 오늘도 하나님께 간구한다.

"하나님께 영광을 돌립니다. 주님, 95살까지 전도하게 해주세요."

아기의 꼬인 장이 풀렸어요

2016년, 아파트 음식물 쓰레기장 앞이었다. 30대 초반의 아기 엄마가 유모차를 끌고 나와 쓰레기를 버리고 있었다. 나는 아기 엄마에게 다가갔다.

"예수 믿습니까? A 교회에서 왔습니다."

나는 전도지를 건네주었다. 아기 엄마는 전도지를 한참 바라보았다. 그러더니 자기 아파트 동호수를 가르쳐 주며 찾아오라고 했다. 약속 날짜에 전도 심방을 갔다. 시댁과 친정은 신앙생활을 잘하고 있는 가정이었다. 아기 엄마는 대학에 다닐 때만 해도 선교 단체에서 열심히 신앙생활을 했다. 그러나 결혼하고 시어머니와 같은 교회에서 신앙생활을 하던 도중 교회 안에서 이런저런 갈등과 어려움이 생겨 신앙생활을 몇 년째 쉬고 있었다.

나는 다시 복음 제시와 함께 영접기도를 안내했다. 그녀는 주일마다 교회에 오겠다고 약속했다. 그러나 아기 엄마는 번번이 교회에 나오지 않았다. 주일에 내 남편이 아기 엄마를 태우러 간다고 전화를 했다. 전화기 너머로 아기 울음소리가 크게 들리는데, 엄마의 목소리에서 지친 게 느껴졌다.

주일이 지나고 심방을 갔다. 그 엄마는 결혼 6년 만에 아기를 출산했는데, 아기의 장이 꼬여 몇 시간씩 기다려도 변이 나오지 않는다고 했다. 아기가 땀까지 뻘뻘 흘리며 울면 아기 엄마도 너무 힘들어서 같이 운다고 했다. 돌도 안 된 아기라 수술하는 게 왠지 겁이 나서 차일피일 미루고 있다고 했다.

"아기 엄마, 우리는 할 수 없지만 하나님의 도우심과 역사하심을 믿고 예배드립시다."

나는 이사야 53장 5절 말씀을 읽었다.

"예수님이 채찍에 맞음으로 아기 ○○○은 나음을 받았도다."

그렇게 예배를 드리고 돌아왔는데, 그날 오후 4시쯤에 전화가 왔다. 아기가 처음으로 편안하게 배변했다고 했다.

그 주 주일 아기 엄마는 남편과 함께 교회에 나와 예배를 드렸다. 그렇게 등록 교인이 되었다. 교구 목사님을 모시고 아기 돌 감사 예배도 드렸다. 아기 엄마는 지금 교회의 모든 성경 공부 과정을 마치고 신앙이 회복됐으며, 능력 있는 구역장으로 구역을 잘 돌보는 집사가 됐다.

종갓집 제사도 소용없습니다

함박눈이 펑펑 쏟아지는 겨울이었다. 마침 황곡초등학교 입학식 날이라, 사람이 많을 거라 예상하고 전도하러 나갔다. 커피, 녹차, 사탕을 준비하고, 큰 통에 물을 끓여 따끈한 차를 드렸다.

"입학을 축하드립니다. A 교회에서 왔습니다."

전도지와 함께 차를 건네주었다.

"A 교회로 오세요. 참 좋습니다."

그때 젊고 서글서글한 눈매의 젊은 엄마가 조심스럽게 다가왔다.

"혹시 저도 교회에 가도 돼요?"

"네, 그럼요. 우리 교회 문은 활짝 열려 있습니다. 꼭 오세요."

그러자 자기 집 동호수를 알려 주며 전도 심방을 요청했다. 약속한 날에 화장지를 사 들고 그 가정을 찾아갔다. 젊은 엄마는 초등학교 시절 친구 아버지의 전도로 교회를 나가게 됐다고 한다. 친구 아버지가 사 주신 수십 년이 지난 성경책을 지금도 간직하고 있었다. 당시

종갓집이었던 친정집은 1년 열두 달 제사를 지낼 정도로, 유교 문화가 뿌리박힌 집안이었다. 그 집안의 막내딸인 그녀는 무슨 종교를 믿어도 괜찮다는 아버지의 관대함 덕분에 어릴 적 교회에 다녔으나 청년이 되면서 점차 교회와 멀어졌다고 했다.

그리고 시간이 흘러 결혼하고 두 아이의 엄마가 됐다. 시댁은 하나님을 잘 섬기는 집이었다. 시부모님은 계속 하나님께 돌아오라고 권유했다. 그럴 때마다 젊은 엄마는 그러겠다고 약속하고는 피하기에 바빴다.

그런데 그때 다섯 살 된 어린 딸이 갑자기 신증후군이란 병을 앓게 됐다. 대학병원에서는 치료가 안 되니 아이가 자라면 부모의 신장을 이식하라고 했다. 그때 아이 엄마는 갑자기 하나님이 생각나 대학병원 예배실에서 통곡했다.

"하나님, 제 딸 살려 주세요. 하나님 믿고 살게요."

처음으로 하나님께 고백하는 기도를 했다. 드디어 그녀는 교회에 등록했다. 처음 예배를 드리던 날, 그녀는 시종 우느라 큰 두루마리 화장지 한 통이 다 없어졌다. 은혜와 감사의 눈물, 탕자가 돌아와서 드리는 예배였다. 그날 아이 엄마는 지푸라기라도 잡고 싶은 심정이었을 것이다.

아이와 같이 교회에 왔는데, 어린 딸을 보니 소변을 보지 못해 온몸이 퉁퉁 부어 있었다. 담임목사님은 수요일 예배를 마치고 나면, 계속 그 딸을 위해 머리 위에 손을 얹고 치료를 위한 기도를 하셨다. 얼마 후 하나님이 치료하시고 만지심으로, 어린 딸이 온전히 완치됐다.

덕분에 부모인 그들도 살아 계신 하나님을 만났다.

친정어머니는 이 사건을 통해 1년 내내 종가의 종부(宗婦)로 손에 물마를 날 없이 지내던 제사를 모두 던져 버렸다. 지금은 예수를 영접하고 권사 직분도 받았다. 온 가족이 살아 계신 하나님을 만난 것이다. 이 부부는 안수집사와 권사로서 고등부 부장과 교회 일을 충성되게 섬기고 있다. 그 딸도 지금은 예쁜 여대생이 됐고, 건강하게 신앙 생활을 하고 있다.

원 포인트 전도 레슨

때를 얻든지 못 얻든지 전도하세요

"우리 가족도 구원 못 시키는데, 내가 어떻게 다른 사람을 전도합니까?"라고 말하는 성도들이 있다. 그러나 전도는 내 힘으로 하는 것이 아니다. 전도는 성령님의 역사이다. 영생을 주시기로 작정된 자가 있지만, 각 개인마다 돌아오는 때가 다르다. 우리는 그저 때를 얻든지 못 얻든지, 전하기만 하면 된다. 우리 가족이냐 아니냐를 따지지 말고, 먼저 믿어야 할 영혼에 다가가는 것이 중요하다. 그러는 사이 내 가족도 믿게 된다. 예수님 안에서 이루어지는 전도는 감동 그 자체이다. 전도의 기쁨은 전도하는 자만이 안다. 생명을 낳아 본 자만이 아는 감동이다. 전도하며 이 기쁨을 같이 누리자.

기적의 하나님을 찬양합니다

어느 늦가을에 아파트 전도를 하다가 정자에서 잠깐 쉬고 있는데, 한 할머니가 손자 셋을 데리고 나왔다. 너무나 귀여운 아이들의 모습에 저절로 미소가 지어졌다. 나는 할머니에게 다가가 말했다.

"할머니, 예수 믿습니까? 저는 A 교회 박남혜 전도사입니다."

할머니는 두 명의 손주는 유모차에 태우고 큰 손주는 어린이집에서 데리고 오는 길이라고 했다. 나는 마침 가방에 있던 건빵을 몇 개 꺼내 드리며 말을 붙였다.

"A 교회는 특히 아이들을 위해 준비가 잘 돼 있습니다."

"아, 그러시군요. 저는 딸네에서 금요일까지 손주들을 보다가 금요일 밤에 집으로 가요. 그리고 다시 월요일에 딸네로 옵니다. 우리 딸과 사위도 교회에 다니는데 교회가 좀 멀어요."

아이 셋을 데리고 먼 교회까지 간다는 게 쉽지 않을 것 같았다. 딸에게 우리 교회 주보와 영아부 예배 소개서를 전해 달라며 건네 드리고 헤어졌다. 다음 주 화요일 장터에서 손주 둘을 데리고 장을 보러 나온 할머니를 또 만났다. 할머니는 나를 보자마자 바로 아는 척해 주었다.

"전도사님, 우리 둘째 손주 손가락 좀 보세요."

아이 손가락을 보니 손톱 색깔이 새까맣고 쪼그라들어 있었다.

"실은 우리 손주가 손톱이 저절로 빠져요. 현재까지 불치병이라 약이 없대요."

할머니는 안타까운듯 계속 손주의 손을 쓰다듬었다. 나는 손주를 위해 예배드리러 가야겠다는 생각이 들어 동호수를 물어봤다. 그리고 한 주에 한 번씩 심방하고 아이를 위해 예배를 드렸다. 찬송가 205장 〈주 예수 크신 사랑〉을 부르고, 이사야 53장 5절 말씀을 같이 선포했다.

"예수님이 채찍에 맞음으로 ○○이가 나음을 받았습니다!"

그렇게 석 달을 심방했다. 그리고 다음 해 봄이 왔다. 그즈음 나는 바쁜 일이 많아져 더는 그 집에 가지 못하고 있었다. 그러다가 다시 화요 장터에 나가 전도하고 있는데, 할머니를 만났다. 할머니는 환한 얼굴로 다가왔다.

"전도사님, 우리 손주 손 좀 보세요. 다 나았어요."

이번에도 하나님은 기적을 나타내셨다. 나는 하나님을 찬양했다.

"할렐루야! 하나님, 감사합니다. 아이의 손톱을 하나님이 고쳐 주셨어요."

그 후로 이 가정 다섯 식구가 교회 행사마다 방문하더니 곧이어 등록 교인이 되었다. 온 가족이 한 주도 빠지지 않고 기쁨으로 예배를 드리고 있다.

무당도 주님 품으로 부르십니다

어느 날 담임목사님이 한 가정을 소개해 주면서 심방을 가 보기를 권하셨다. 소개받은 집으로 갔더니, 안방에 신당이 차려져 있었다. 무당집이었다. 한복, 고무신, 색색별 실타래, 북어, 쌀이 가득 담긴 항아리가 눈에 들어왔다. 염주, 큰 양초, 큰 부채, 책, 방울 채, 종이로 만든 조화가 가득 올라가 있었다. 큰무당이 크게 차리라고 해서, 이렇게 차리는 데 800만 원이 들었다고 했다.

무당의 남편은 10년 전에 지금 교류하고 있는 큰무당을 통해 신내림을 받았다고 했다. 그리고 집을 은행에 저당 잡혀서 돈을 만들더니, 아예 무당집을 차려서 나갔다고 했다. 뒤이어 이 큰무당은 50대 초반인 이분에게 무당이 되라며 강제로 신내림을 시켰다. 남편처럼 이분도 역시 무당집을 시작했는데, 때마침 우리 교회 성도가 이 아파트의 통장이었고 그때부터 이분을 전도하기 시작한 것이다.

무당의 남편은 10년 전에 집을 나간 후 연락 한 번 없을 뿐만 아니라, 생활비도 보내 주지 않았다. 아들은 군대에 가고 딸은 아직 고3이었다. 사실 그녀는 무당이 되기 싫었다고 했다. 그날부터 우리는 매일 무당 집에 찾아가서 예배를 드렸다. 찬송가 260장 〈우리를 죄에서 구하시려〉를 부르고, 출애굽기 말씀 중 십계명을 읽었다.

> 너는 나 외에는 다른 신들을 네게 두지 말라 너를 위하여 새긴 우상을 만들지 말고 또 위로 하늘에 있는 것이나 아래로 땅에 있는 것이나 땅 아래 물 속에 있는 것의 어떤 형상도 만들지 말며 그것들에게 절하지 말며 그것들을 섬기지 말라 나 네 하나님 여호와는 질투하는 하나님인즉 나를 미워하는 자의 죄를 갚되 아버지로부터 아들에게로 삼사 대까지 이르게 하거니와 나를 사랑하고 내 계명을 지키는 자에게는 천 대까지 은혜를 베푸느니라 출 20:3-6

레위기 20장 27절도 읽었다. "남자나 여자가 접신하거나 박수무당이 되거든 반드시 죽일지니 곧 돌로 그를 치라 그들의 피가 자기들에게로 돌아가리라." 그리고 이 집에 있는 신당 물건들을 교회로 가져와서 가위로 자르고 못쓰게 만들어서 버렸다. 그러자 이 무당이 두통을 호소했다. 머리가 아파서 견딜 수 없다고 했다. 담임목사님은 그녀에게 모든 예배에 다 참석하라고 말씀하셨다. 결국 이분은 결단하여 모든 예배를 충실히 드렸고, 두통이 모두 없어졌다. 이분은 이제 신실한 성도가 되어 평범한 직장에 나가며 자녀를 잘 양육하고 있다.

원 포인트 전도 레슨

선입견을 버리고 그들의 고통에 귀 기울여 주세요

기독교에서는 무속인을 미신이나 우상숭배자라고 하여 터부시하거나 업신여기는 경향이 있다. 이런 시각을 갖고 있는 한 전도는 불가능하다. 신병을 앓는 사람이나 무당에게는 그들만의 아픔과 불행이 있다. 무속인이 되기까지 그들이 겪은 아픔과 고통에 귀 기울여 주면서 이해하려는 마음이 우선돼야 한다. 그래서 불행과 저주의 원인이 무엇인지, 지옥과 같은 어두운 지금의 삶에서 벗어나 새로운 소망을 갖고 영원한 생명을 얻는 길을 안내해 줘야 한다. 그럴 때 상대는 마음의 문을 열고 예수님을 구주로 영접하기를 결단한다. 성급하지 않게 친교를 통해 예수님의 사랑과 말씀을 꾸준히 전하다 보면, 언젠가 그 사람은 주님의 품으로 들어오게 돼 있다.

❖ 주님, 목회자는 많지만 전도자가 드문 이 시대에 하나님의 마음을
시원하게 해드리는 뚜벅이 전도자로 살겠습니다.

2

PART

시련을 통해
나를 빚어 가셨습니다

신혼 방을 차지한 시어머니 때문에

   결혼은 웃음과 함께 눈물이 마르지 않는 알 수 없는 모험이다. 결혼 전 청춘남녀들은 결혼을 행복의 문으로 생각한다. 나는 결혼을 통해 생명의 주인이며 우리의 주권자가 되시는 하나님을 만났다.

   1978년 6월 1일, 나는 나보다 네 살 많은 총각 집사 장관식과 결혼했다. 남편의 고종사촌 형 이일랑 목사님의 소개였다. 큰아버지 내외는 가난한 목사의 딸인 나를 위해 결혼 살림을 손수 다 장만해 주셨다. 연두색 대우 냉장고와 세탁기, 가스레인지, 장롱 등 큰 가전제품과 세간살이를 모두 싣고 결혼 전날 부산에서 서울까지 오셨다. 그리고 신혼집인 면목동에 새살림을 넣어 주시고는 결혼식을 보자마자 내려가셨다.

   큰아버지는 나뿐만 아니라, 우리 집안 대소사는 물론 모든 애경사에 발 벗고 나서서 수고하셨다. 우리는 각양각색의 이유로 큰아버지 집에서 물심양면으로 신세를 졌고, 큰아버지는 그걸 당연하고 기쁘게 생각하셨다. 동생이 대학에 다닐 때 당시 한 학기 등록금이 45만 원이었는데 이것도 빼놓지 않고 모두 송금해 주셨다. 동생들 결혼식 때도 굵직한 살림들을 기꺼이 담당해 주셨다. 우리 가문 자손들이 번성해 사회 각처에서 의사, 변호사, 약사, 예술가, 교수 등으로 활동할 수 있는 것도 큰아버지와 큰어머니 덕분이라고 생각한다.

나와 남편은 교회에서 결혼식을 마치고 강릉으로 신혼여행을 다녀왔다. 신혼여행을 마치고 집으로 돌아오니, 오후 5시쯤이었다. 한복을 차려입고 시댁으로 들어왔는데, 시어머니는 주무시고 계셨다. 시부모님에게 큰절을 올린 뒤 한복 차림 그대로 시장에 나가서 장을 보았다. 쇠고기 한 근, 파와 무, 반찬거리를 사 와서 저녁 식사를 준비했다. 모두 마치고 나니 밤 10시가 됐다. 시댁 가족은 시부모님, 시동생 두 명, 시누이 한 명, 우리 부부까지 모두 일곱 식구였다. 큰 시누이는 결혼해서 분가했다. 직장에서 퇴근한 시누이의 밥상을 차리고 설거지를 마치고 나니 11시였다. 시집살이가 녹록지 않겠다고 생각했다.

다음날 새벽 4시 30분이 되자, 시어머니가 새벽기도에 나가자고 나를 깨우셨다. 시댁은 남편과 같이 고종사촌 이일랑 목사님이 개척한 교회를 섬겼다. 새벽기도를 마치고 집에 오니 중학교 2학년이던 막내 시동생 도시락을 싸야 했다. 어머니는 살림에 대해 일절 일러 주지 않으셨다. 나는 알아서 아침밥을 했다. 양은솥에 밥을 안쳐 석유풍로에 올렸다가, 다시 연탄불 위에 얹어 뜸을 들였다. 그리고 찌개를 끓였다. 양은 도시락을 싸는 동안 큰 시동생이 식사를 마쳤다. 나는 매일 시아버지의 점심상을 준비해 같이 식사했다. 저녁 식사와 뒤처

리까지 마무리하고 방에 들어오면, 시어머니는 우리 신혼 방 제일 위쪽에서 코를 드르렁드르렁 골며 주무시고 계셨다.

'이 일을 어쩐다?'

이런 일이 일주일이나 지속됐다. 주일 저녁 예배까지 드리고 난후, 나는 남편을 불러 동네 공원에 가서 다투었다.

"어머니가 매일 우리 방에서 주무시는데, 어떻게 할 거예요?"

"어머니를 깨워서 아버지 방으로 보낼게요."

우리 부부는 단단히 약속하고 방으로 갔다. 주무시는 어머니를 깨워서 일으켰더니 막무가내로 가지 않겠다고 하셨다. 우리를 밀치고 그날도 우리 방에서 주무셨다. 이런 일이 한 달 동안이나 계속됐다. 밤마다 실랑이를 벌이고 싸웠지만, 어머니를 우리 방에서 내보낼 수가 없었다.

시아버지는 67년 전에 전북 부안 오중교회에서 장로로 섬기셨다. 당시 동네 머슴들로 결성된 빨치산들이 교회를 빼앗아 회의 장소로 쓰려고 할 때, 시아버지는 강대상에 서서 온몸으로 교회를 지키려다가 총 개머리판으로 머리를 심하게 맞는 바람에 35세 나이에 거의 실명을 했다. 그렇지만 건장했고 믿음과 영성이 깊었으며, 성령의 사역을 아는 분이었다. 그런 시아버지였지만, 밤마다 집안에서 무슨 일이 벌어지고 있는지는 아무것도 모르고 계셨다. 시어머니가 방에 없어도 교회 주변에 시어머니의 동생과 오빠들이 살고 있으니, 거기서 주무시는 줄 알았던 것이다. 그때 시아버지께 바로 이야기할 수도 있었을 텐데, 아무 말 못 했던 것도 돌아보면 모두 하나님의 뜻이었던 듯싶다.

❖ 하나님을 만나고 미움이 사라졌습니다 ❖

곤고한 결혼 생활이 석 달째 이어졌다. 내 얼굴에는 기미가 생기고 수척해졌다. 마음속에 고민이 차곡차곡 쌓여 갔다.

'이 집에서 나가 버릴까, 도망갈까. 이혼해 버릴까. 이 집에서 나가 버리면 이 남자나 내 인생은 무엇이 되나.'

그렇게 고민하던 어느 날 나는 큰 결단을 내렸다.

'나는 목사의 딸이다. 하나님은 창조주이시고 그분이 나를 사랑하셔서 예수 그리스도를 보내 주셨다. 예수님이 십자가에 죽으셔서 구원자가 되시고, 내 인생의 주인이 되셨다. 그러나 이런 소리는 수만 번 들었어도, 아직 나는 예수 그리스도를 인격적으로 만나질 못했다. 그래, 나는 목사 딸이고 이혼이 죄인 걸 알고 있다. 살아 계신 하나님을 만나 이 문제를 풀어 보자.'

그날부터 나는 밤이 되면, 날마다 교회에 올라갔다. 25년의 내 삶은 종교 생활이었지, 진정한 믿음 생활이 아니었다. 이제라도 그분을 진정 만나고 싶었다. 사도 바울이 만난 그분을 나도 만나고 싶어졌다. 교회 바닥에 앉자마자 저절로 찬송이 흘러나왔다.

"주 안에 있는 나에게 딴 근심 있으랴. 십자가 밑에 나아가 내 짐을 풀었네."

찬송가 370장을 4절까지 부르는 동안 눈물 콧물이 내 앞가슴을 다 적셨다.

"하나님, 나 어떡해요? 이혼하고 도망가요? 하나님 같으면 살 수 있어요? 시어머니가 무서워요. 어떡해요?"

통곡하다가 잠들기도 하고, 기도가 끝나면 울면서 집으로 돌아왔다. 그러나 여전히 시어머니는 우리 방에서 주무시고 계셨다. 이렇게 밤마다 교회에 갔지만 말이 기도이지, 나는 그저 신세를 한탄하며 눈물로 아우성을 쳤다.

"하나님이 계시면, 제발 저 좀 만나 주세요."

그렇게 결혼 첫 해의 가을이 왔다. 답답한 가슴이 터질 것 같으면, 버스를 타고 면목동에서 가까운 구리 들판까지 혼자 다녀오곤 했다. 가을이 완연해 들판에는 코스모스가 흔들리고 있었다. 그날 밤도 찬송을 부르며 울고 떼를 쓰고 부르짖었다.

"하나님, 저 좀 만나 주세요. 하나님 같으면 이런 가족 속에서 살수 있어요?"

깊어 가는 가을 밤, 내 볼에서 눈물이 빗물처럼 타고 내려왔다. 그런데 그날 밤 내 영혼에 '햇빛'이 들어오기 시작했다. 무언가 새로운 생명력이 나를 포근히 감싸는 느낌이었다. 25년 동안 들었던 설교가 생각났다. 예수님이 내 죄를 위해 죽으셨고, 내가 예수님 덕분에 구원을 받아 사망에서 생명으로 옮겨졌다는 영생의 축복이 성경 속의 이야기가 아닌 나의 이야기로 다가왔다. 그 깨달음이 머리에서 가슴으로 내려오면서, 천지창조와 동정녀 탄생, 죽은 자를 살리신 사건과 오병이어 사건이 한꺼번에 다 믿어졌다.

내 입에서는 이상한 말소리가 터져 나왔다. 시어머니를 미워한 죄, 그리고 지금까지 살면서 지은 모든 죄가 주마등처럼 지나갔다. 회개의 기도 시간이 얼마나 지나갔는지 모른다. 내 안에서 예전에 느껴 보지 못한 구원의 기쁨이 솟아났다. 회개와 감사의 기도를 마치고 집으로 돌아오는 길에 십자가를 생각만 해도 가슴이 울컥했다. 현실은 바뀐 것 없이 그대로였으나 갑자기 천국에 산다고 믿어졌다. 평안이 찾아왔다. 생명이 천하보다 귀하다는 말씀이 저절로 깨달아졌다. 그후로 나는 성령세례를 경험했다는 사람들이 전도해야 한다는 마음을 받지 못했다면, 단연코 그것은 거짓이라고 생각하게 되었다.

그 순간 예수님이 베드로에게 용서하라고 하신 말씀이 생각났다.

예수께서 이르시되 네게 이르노니 일곱 번뿐 아니라 일곱 번을 일흔 번까지라도 할지니라 마 18:22

그동안 나는 상처받고 용서치 못하는 마음으로 살았다. 그런데 그날 성령께서 내 마음에 용서의 마음을 주셨다. 이 마음은 내 마음이 아니고 성령께서 주시는 마음이고 성령의 법이었다.

"예수의 이름으로 시어머니 ○○○을 용서하고 사랑하고 축복합니다."

이 말씀을 계속 입으로 외우고 있으면, 용서의 마음이 생기고 평안이 왔다. 그리고 내 영혼에 있던 외로움과 슬픔과 무기력이 물러가고, 기쁨과 평안의 에너지가 솟구쳤다. 여전히 시어머니는 방에서 같이 주무셨지만, 나의 하루는 눈부시게 밝은 태양과 함께 시작됐다. 아니 태양보다 더 밝은 주님의 사랑과 평안이 내 마음에 가득 차고 흘러넘쳤다.

그때부터 성경을 읽기 시작했다. 성경 말씀이 오직 나를 위해 창세 전부터 예비된 것 같았다. 내 삶이 바뀌기 시작했다. 성경이 손에서 떠나지 않았고, 내 입으로 자주 흥얼거렸던 팝송과 즐겨 보았던 세상의 드라마와 소설이 모두 끊어졌다. 주님이 너무 좋아서 밤마다 기도했다.

그런데 새로운 고민이 생겼다. 방언 기도를 맘껏 하고 싶은데, 사람 눈치가 보였다. 그 당시 교회들은 성도가 방언 기도를 하면, 이단 삼단 하며 좋은 시선으로 보질 않았다. 설교 시간에 말씀이 은혜가 돼 '아멘'을 큰소리로 외치면, 그날 교회 안에서 관심의 대상이 되던 분위기였다.

그래서 아는 사람의 소개로 삼각산에 밤 기도를 다니기 시작했다. 522번 버스를 타고 북악 스카이웨이에서 내렸다. 손전등과 김장 비닐, 고무줄, 방석, 두툼한 외투, 털모자로 완전무장을 하고 삼각산 꼭대기에 올라가면, 불야성을 이룬 서울 시내가 보였다. 그곳엔 젊은 목사님, 연세 많은 목사님, 개척하실 목사님, 권사님과 집사님 등 여러 상황에 놓인 사람들이 올라와 밤새도록 부르짖고 있었다. 지금 생각하면 내가 제일 어리지 않았을까 생각한다.

그렇게 새벽이 돼서야 집에 돌아와 아침밥 준비를 했다. 남편은 이런 내 동향과 동선을 모두 알고 있었지만, 방에서 같이 주무시던 시어머니는 내가 그저 새벽기도에 갔다 온 줄로만 아시는 듯했다. 매일 밤 목이 터지도록 기도했으니, 내 목소리는 쉬어 있었다. 그러면 시어머니는 그런 나를 핍박하셨다.

"너 혼자 예수 믿니?"

당시에 여의도순복음교회에는 1년 365일, 저녁 8시부터 새벽 6시까지 철야 기도회가 있었다. 나는 일주일에 몇 번씩이나 그 기도회에 가서 기도하곤 했다. 나를 만나 주시는 주님이 너무 좋았다.

"주님 사랑합니다. 내 생명의 주인이시여."

나는 예수님을 인격적으로 만났다. 이러한 고난의 사건이 하나님의 계획이었음을 나중에야 알게 되었다. 성령세례를 받고 난 후의 감동은 구원의 확신과 감사와 기쁨이었다. 이 기쁨은 세상 어떤 것과도 비교할 수 없었다. 그때부터 지금까지 내 입술에는 항상 찬송이 흘러넘치고, 어디에 있든 콧노래가 나온다.

그러던 중에 나는 큰아들을 임신했다. 남편은 우리의 임신 사실을 시아버지께 알리고, 당분간 분가해서 살다가 출산 달에 다시 집으로 들어오고 싶다고 허락을 구했다. 우리 부부는 출산일에 맞춰 다시 집으로 돌아왔고, 곧 아이를 낳았다. 시어머니의 사랑이 손자에게 부어지면서, 이후부턴 우리 방에 들어오지 않으셨다. 4년 터울로 둘째 아들을 출산하고 나자, 시집살이는 한결 더 수월해졌다.

고통을 통과했더니
찬양의 삶이 찾아왔습니다

1986년 남편의 사업 실패로 시가족과 우리 네 식구는 구리시로 이사를 가게 됐다. 그곳에서 나는 살아 계신 하나님을 만났다.

이사한 지 3일째 되던 날, 세 살배기 아들이 내 팔을 베고 낮잠을 자고 있는데, 이상하게 차디찬 느낌이 들었다. 너무 놀라서 건넌방에 계신 부모님에게 어서 와 보시라고 고함을 질렀다. 어머니는 아이의 눈을 까보고 손을 코에 대 보시더니, 손주가 죽었다고 통곡하기 시작했다. 그때 나는 급한 중에도 하나님께 여쭙는 기도를 했다.

"하나님, 어떡해요? 어떡해요?"

몇 번을 간절히 여쭈어 보았을 때, 음성이 들려왔다.

"기도해라, 기도해라."

"어머니, 아버지! 성화 손 잡으시고 우리 기도해요."

방언과 회개의 기도였다. 하나님은 땀방울이 핏방울이 될 정도로 기도를 시키셨다. 한참 후에 어머니의 소리가 들렸다.

"성화가 살아 있다!"

아이를 데리고 병원에 다녀오니, 우리 집 앞에 동네 아주머니 아저씨들이 다 모여 있었다. 웬 젊은 아이 엄마가 나를 부르기에 가 보았다. 마당에 섰더니 앞산 위에 새로 지은 암자가 보였다. 아이 엄마는 그 암자를 가리키며, 이 집은 무당이 30년 동안 살던 곳인데 그 무당이 지금은 암자를 지어 산 위로 나갔다고 했다. 나는 그길로 복덕방으로 가 들은 대로 이야기했더니 바로 집세를 빼 주었다. 우리는 다시 남양주시로 이사했다.

거기서도 나를 향한 하나님의 메시지가 있었다. 갑자기 두 아들의 온몸에 둥근 호박전 같은 모양의 환부가 생기기 시작했고, 진물이 흘렀다. 두 아들을 데리고 병원에 갔더니, 의사는 고개를 갸우뚱거렸다. 이런 피부병은 처음 본다며, 한센병 같다고 빨리 나가라는 손짓을 했다. 그러나 나는 아무렇지도 않았다. 무당 귀신과 싸워 생명도 살려 주신 하나님이 계셨기 때문이다. 마음에 평안이 왔다.

집에 돌아와 두 아들과 같이 찬송가 250장 〈구주의 십자가 보혈로〉를 부르고, 출애굽기 15장 26절을 읽었다. 그리고 말씀에 이름을 넣어 크게 복창하게 했다.

"하나님은 아들 용화와 성화를 치료하시는 여호와임이라."

두 번째 예배를 드리고 나니 아들의 피부병이 사라졌다. 하나님이 깨끗하게 치료해 주셨다. 내 나이 서른세 살 때 살아 계신 하나님을 눈으로 뵌 것이다. 나는 엄청난 믿음을 선물로 받았다. 스물다섯 살에 확실한 성령 체험과 방언과 신유, 환상의 은사를 체험한 은혜와 사랑으로 나는 지금껏 감사와 찬양의 삶을 살고 있다. 이렇게 큰 고난을 통과하게 하신 하나님이 계셨기에, 나는 그 후 내 인생 여정의 우여곡절 속에서도 끝내 낙망하지 않을 수 있었다. 우울증, 무기력증, 공황장애 등 그 어떤 영적 공격이 다양한 얼굴을 하고서 닥쳐와도 나는 맞서 싸울 수 있었다.

아이러니하게도 내 믿음이 커 갈수록 시어머니의 핍박도 덩달아 강도가 올라갔다. 시어머니는 "네 주제에 목사가 될래, 박사가 될래?" 하며 전혀 나를 인정해 주지 않았다. 그러나 8년 동안의 핍박이 끝나면서 하나님은 내게 주신 신유 사역으로 많은 사람을 전도할 수 있게 하셨다. "나는 여호와로 말미암아 즐거워하며 나의 구원의 하나님으로 말미암아 기뻐하리로다"(합 3:18)라고 찬송한 하박국 선지자의 말씀이 곧 내 신앙고백이었다.

나는 하나님이 치료자이심을 믿고 그때부터 이사야서 53장 5절 말씀을 붙들고 여덟 시간씩 기도했다.

> 그가 찔림은 우리의 허물 때문이요 그가 상함은 우리의 죄악 때문이라 그가 징계를 받으므로 우리는 평화를 누리고 그가 채찍에 맞으므로 우리는 나음을 받았도다 사 53:5

오래 기도하다 보니 엉덩이뼈가 짓눌려 피가 나고 아팠다. 그런데 기도만 하면 엄청난 회개의 영을 부어 주셔서, 눈물이 마를 날이 없었고 일어설 수가 없었다. 질병의 무게가 힘들다 못해 공포가 밀려오기도 했다.

"주님, 제게 말씀을 주세요. 이 고통을 말씀 없이 어떻게 이겨요?"

갈라디아서 2장 20절을 선포하며 여쭈면 평안함이 왔다. 고통이 하루에도 대여섯 번씩 밀려오는데, 할 수 있는 거라곤 기도와 말씀 묵상뿐이었다. 죽을 만큼 아팠지만, 그래도 입으로는 절대 죽고 싶다는 말은 하지 않았다. 오직 이길 수 있는 믿음을 달라고 기도했다. 여전히 삶이 어둡고 침침했지만, 고립된 것 같은 나날을 말씀과 기도로 버텼다. 이 아픔을 통해 하나님은 우리로 놀라운 새 역사를 쓰게 하셨다. 내가 죽어야 주님이 사신다. 우리가 할 것은 십자가의 의를 깨닫는 일이다.

시아버지께 신앙을 배웠습니다

　남편 장관식 장로는 총각 시절에 집사 직분을 받았다. 내가 자라 온 환경도 잘 알고 나를 사랑하며 불쌍히 여겨 준 아버지 같은 사람이다. 말에 실수가 거의 없고 겸손한 마음을 소유한 사람이어서 더욱 신뢰할 수 있었다.

　주일에 목사님이 시아버지께 전화해 당일 저녁 부교역자들 식사 준비를 해달라고 하시면, 며느리인 나는 즉각 준비해야 했다. 목사님이 남편의 고종사촌이었으니 시어머니는 목사님의 고모가 되는 셈이다. 가정집에 30명이 식사를 하고 나면, 항상 내 밥이 없었다. 그럴 때면 남편은 살짝 나가서 통닭이나 인절미, 군고구마, 과일, 빵을 사 왔다. 수요예배, 금요기도회가 끝나면 성탄 칸타타 준비를 하러 두 달 동안 저녁마다 교회에 나가서 연습했는데, 남편은 연습이 끝나면 연탄 골목 갈빗집에서 내게 고기를 사주었다. 성전 꽃꽂이도 남편이 배우라고 해서 토요일마다 명동까지 가서 배우기도 했다. 그러면 함께 토요일마다 데이트를 하는데, 늘 나에게 수고한다며 다독여 주었다. 남편의 그런 사랑이 힘든 시집살이를 이겨 나갈 수 있게 한 원동력이 됐다.

시아버지는 믿음의 거목이며 살아 계신 순교자셨다. 나하고 영적 이야기가 잘 맞았다. 우리는 신앙과 영성 이야기를 참 많이 했다. 내가 전도사 사역 첫 달을 마치고 받은 사례비를 시아버지께 드린 적이 있다. 그러면서 "아버님, 우리 부부가 아버지 재산 다 축낸 것 용서해 주세요" 하고 말씀드렸다. 그때 시아버지께서 해주신 말씀을 잊지 못한다.

"그 재산이 다 있었다면 네가 신학교에 갔겠니, 내 손자가 신학부에 입학을 했겠니. 나는 아들 셋 중에 목사가 한 명은 나올 줄 알았는데, 아무도 그 길을 가지 않았다. 그래서 하나님이 우리 집에 너를 불러 주셨다고 믿는다. 내가 이제야 비로소 천국에 가서 주님을 기쁘게 뵐 수 있겠다. 너는 끝까지 목사 안수 받고 주님의 일을 해라."

그렇게 말씀하시고 얼마 안 돼 시아버지는 90세에 하나님의 부르심을 받았다. 시아버지는 신앙의 인격자셨다. 평생 가정예배를 매일 인도하셨다. 우리 부부도 시아버지의 신앙을 배워 밤마다 예배를 드린다. 디모데후서 1장 8절 말씀에 "오직 하나님의 능력을 따라 복음과 함께 고난을 받으라"고 하셨다. 교회를 지키느라 실명하시고, 경제력까지 잃으셨던 시아버지, 그 삶의 아픔을 하나님은 기억하실 것이다.

시집살이조차
하나님의 계획이었습니다

시간이 지나 시어머니께 치매가 찾아왔다. 그런 시어머니를 모시면서 사역하자 교회에서는 내게 효부상을 주었다. 상금을 주셔서 손에 힘이 없는 어머니를 위해 가벼운 박달나무 수저를 두 벌 사서 쓰시게 했다. 지금은 시댁 가족이 모두 나를 고맙게 생각하며 신임해 주어서 맏며느리 대접을 톡톡히 받고 산다. 어머니의 사건이 하나님의 계획 아래 있었다는 것을 나중에야 알게 됐다.

시어머니는 젊은 날 고향 교회에 출석할 때, 당신의 두 딸에게 풍금을 가르치고 싶었단다. 하지만 농촌 살림살이가 여의치 않아 어머니가 직접 가르치셨다. 주일마다 반주하시는 선생님에게 찬송가를 두 마디씩 배워 오셔서 하루 일과가 끝난 밤이면 두 딸을 데리고 교회에 가서 풍금 반주를 가르치셨다. 당신도 반주를 잘하셨다. 팔순을 눈앞에 둔 큰 시누이는 지금도 고향 교회에서 피아노 반주를 하고 있다. 작은 시누이는 한때 피아노 학원을 운영했으며, 지금은 모 교회에서 지휘를 하고 있다.

울산에서 목회하는 남동생이 하나님의 은혜로 개척교회를 시작했다. 그리고 한 권사님의 헌신으로 교회를 건축했다. 동생 목사가 우리에게 울산에 내려와서 기도도 같이하고 전도해 달라고 요청했다. 시어머니의 치매가 심하여 계속 모시고 출근하기도 힘들어졌을 때였다. 마침 두 아들이 유학을 떠나 있으니, 어머니께 효도해 보자고 남편과 합의했다. 텃밭이 있는 집을 구해 달라고 동생에게 이야기했다.

치매가 심한 어머니를 모시고 시골집에서 살게 됐다. 옛날에 삼각산 바위에서 올케와 같이 추운 겨울날 담요 몇 장씩 덮고 앉아 기도했던 것처럼 기도하기도 했다. 봄이 되어 계분과 각종 야채 모종을 사드렸더니, 어머니는 텃밭에서 하루 종일 사셨다. 얼굴이 까맣게 탔는데 좋아하셨다. 고추, 방울토마토, 가지, 호박, 부추 등 각종 채소를 잘 키우셨다. 우리의 반찬거리로는 풍성했다. 어머니는 평안한 모습이셨고, 치매 증상도 상당히 완화되었다. 큰고모부가 와보고는 치매가 다 나으신 것 같다며 기뻐했다.

세월이 흘렀다. 시어머니의 치매가 심해져서 내 힘으로는 돌보기가 어려워졌다. 시어머니를 요양원에 보내며 마음이 참 아팠다. 30여 년간 부대끼며 가족으로 살아오는 동안 미운 정 고운 정 다 들었던 분이다. 시집살이를 만만찮게 시킨 어머니였고, 나중에는 아파서 여기저기 모시고 다니느라 나는 쉴 시간도 얻지 못했었다. 어머니가 요양원에 가신 지 1년쯤 됐을 때, 주일에 뵈러 갔더니 어머니가 내 손을 꼭 잡으셨다.

"에미야, 고맙다. 고맙다."

어머니께 처음 들어 보는 말이었다. 그 말을 듣는데 그동안의 노고가 눈 녹듯 사라지면서 어머니가 더욱 가엾게 보였다. 주일마다 6년 동안 한 주도 빠짐없이 어머니를 찾아가서 찬양하며 믿음을 확인시켜 드렸다. 아주대학교병원에서의 마지막 임종을 지켜보면서, 내 손으로 눈을 감겨 드렸다.

"어머니의 시집살이가 힘들어 예수님을 찾게 됐고, 주님을 인격적으로 만나 오늘의 전도자 박남혜가 되었어요. 어머니, 고맙습니다. 이 땅에서 수고하셨습니다. 천국에서 다시 뵈어요."

임종실의 남자 의사가 차렷 자세로 끝까지 그 자리를 지켜 주었다. 어머니가 떠나시고 난 뒤 맞이한 첫 번째 주일, 우리 부부는 차를 탔는데 갈 곳이 없었다. 부모의 자리가 그렇게 큰 줄 몰랐다.

내 고향 욕지도와 아버지

경상남도 통영에서 복운호, 신천호라 불렸던 카페리를 타고 50분 정도 걸려 작은 섬들을 돌면 욕지도에 도착한다. 아름답고 청정한 그곳에서 내 인생에서 제일 행복한 시절을 보냈다. 눈물이 없던 꿈 같은 섬이다. 욕지는 마음의 고향 같아서 기쁠 때, 슬플 때, 감사할 때 늘 찾아가는 곳이다. 엄마 돌아가시고 욕지교회에 들어가서 한없이 울기도 했다.

욕지교회의 하 장로님은 친정아버지가 젊은 목사로 부임했을 때, 욕지교회 청년이었다. 지금도 찾아가면 "나미야, 왔나" 하고 반기며 밥을 차려 주시는 장로님이다. 하 장로님은 우리 부모님을 이렇게 기억해 주었다.

"어려운 시대에 자녀를 양육하면서 성공적으로 목회하신 훌륭한 목사님과 사모님이다. 특히 목사님은 본인의 생활도 어려운데, 가난한 성도들을 돌보는 일에 적극적이셨지. 사모님도 덕망 있는 분이었다. 사모로서 교회의 덕을 세우고 지역사회에서 빛과 소금의 역할을 하셨다. 자녀들이 어려운 생활 환경에서도 신앙적으로 잘 성장한 것도 감사하다."

친정아버지는 욕지교회 14대 목사였다. 나의 친정 할아버지는 한의사였고, 우리 아버지의 본래 직업은 교사였다. 그러나 큰아버지가 '우리 집안에도 목사 한 사람쯤은 나와야 한다'고 하며 아버지를 장로회신학대학원에 입학하게 했고, 결국 아버지는 목사가 되셨다. 아버지는 목회자의 소명을 받고 이 길을 가시면서 모든 삶에 자족하며 사셨다. 아버지는 목사였지만, 찬송가 외에 가곡이나 전통 노래도 참 좋아하셨다. 특히 아버지의 서재에 있던 세계 백과사전은 우리 남매의 장난감이었다. 글씨를 모를 때도 책을 뒤지며 그림을 찾아보는 게 좋았다. 중학교를 졸업하고 아버지의 서재에서 미우라 아야코의 《양치는 언덕》이라는 연애소설을 하루 종일 읽었다. 목사 딸인 나오미, 기생 아들 료이치, 동창생 데루코의 삼각관계. 순탄치 못한 결혼 생활을 보며 어린 마음에도 시부모가 잘 믿는 가정, 믿음의 남편을 만나야겠다는 생각을 처음 하게 됐다.

우리가 욕지초등학교에 다닐 때, 아버지는 매일 통영에서 하루에 한 번 들어오는 배 '신천호'를 통해 신문을 구독하여 읽으셨다. 덕분에 우리도 그 속에 딸려 오는 소년동아일보를 매일 받아 볼 수 있었다. 월간지 〈새벗〉, 〈소년한국일보〉 등 매주 한 번씩 두툼한 독서 신문이 배달되면, 동생들과 서로 보겠다고 다투곤 했다. 아버지는 다 보고 난 신문을 나무에 송곳으로 구멍을 뚫어 만든 신문 보관대에 보관

하셨다. 아버지는 책을 읽으며 감동되는 것을 기록해 두라고 가르쳐 주셨다. 나와 두 동생은 어릴 적부터 기록하는 습관을 익혔다. 그 습관이 훗날 전도자와 목사가 됐을 때, 설교 준비하는 데 큰 힘이 됐다.

아버지는 체격이 좋으셨다. 형제 중에 제일 잘생기셨다는 평판과 함께 주변 사람들 사이에서 멋쟁이로 통했다. 백구두를 신고 머리에는 포마드를 바르셨고, 주무실 때도 항상 모자를 쓰셨다. 아버지는 와이셔츠를 빨고 마지막 헹굴 때 잉크 한 방울을 떨어뜨려서 헹구셨다. 큰아버지는 영국 양봉협회에 다녀오시면서 영국 양복 원단 한 벌을 사 오셔서 아버지께 건네주셨다. 아버지는 그 원단으로 양복을 맞춰 입고 강단에서 설교하셨다.

교회 사택의 울타리는 키가 나지막하고 노란색 열매를 맺는 탱자나무였다. 나무는 우리와 같이 자랐다. 욕지도에 보리 싹이 피기 시작하면, 보리가 바다인지 바다가 보리인지 모를 정도로 서로 섞여 푸른 물결을 일으켰다. 우리가 지내던 사택 마당에는 교회를 빙 둘러 큰 꽃밭이 있었다. 동백꽃, 해바라기, 다알리아, 무궁화, 패랭이, 봉선화, 달맞이, 파초, 용설란, 난초꽃이 예쁘게 자랐다. 아버지는 그중에서도 풍란을 소중히 다루시며 잎을 닦아 주시곤 했다.

욕지교회의 종탑은 나무였다. 모든 예배를 알리는 종소리는 참 우렁차고 아름다웠다. 종탑이 낡아서 통영에서 쇠 종각으로 맞춰 와서 그것으로 교체했다. 교회 어른들은 그 종탑 아래서 고기파티를 했다. 아버지께 나도 종을 쳐 보고 싶다고 했더니, 종 줄을 잡게 해주셨다. 그런데 줄을 내리니, 그만 내 몸이 휙 하고 올라가 버렸다. 아버지는 미리 그걸 알고 나를 잡아 주셨으나, 겁에 질린 나는 바닥에 내리자마자 엉엉 울었다.

당시 욕지교회에는 청년이 참 많았다. 아버지는 큰 교회에서 장학금을 받아와 교회 청년들을 위해 썼다. 훗날 욕지교회의 첫 번째 목사가 된 김정부 목사님은 아버지의 장례식에서 스물다섯 명의 목회자가 욕지교회에서 배출됐다고 말씀해 주었다.

아버지의 마지막 목회지인 거제도 옥산교회에서도 아버지는 청년들을 가르쳐 앞서가는 교육을 시도하셨다. 청년들에게 한번 살아 보자며 양봉, 미꾸라지 양식, 염소 사육, 버섯 재배를 배우게 했다. 《상록수》의 주인공 박동혁 같은 분이었다. 아버지가 돌아가시기 두 달 전 겨울, 우리 부부와 아들들이 함께 옥산교회에 간 적이 있다. 교회에서는 청년들이 성탄을 준비하느라 분주했다. 아버지는 '거룩한 성' 혼성 4부 코러스 찬양을 가르치고 계셨다. 아버지는 중매도 잘하셨다. 그런 아버지가 시무하시는 옥산교회는 희망과 젊음으로 가득했다.

새벽예배를 마치고 오시면, 아버지는 우리가 자는 방에 들어오셔서 우리 머리 위에 손을 얹고 한 명씩 축복기도를 해주셨다. 그래서 나도 아버지께 배워 두 아들을 키우면서 아침저녁으로 축복기도를 해주었다.

천국에서 다시 만나요

    친정어머니의 고향은 함경북도 청진시 나남이었다. 큰아버지가 서울에서 중앙고보를 다니던 어머니와 아버지를 주선해 결혼했다. 똑똑하고 지성이 넘치던 어머니는 아버지가 신학을 하게 되니, 둘째 큰아버지에게 산부인과 전문지식을 전수받아 둘째 큰아버지가 개업하신 병원에서 조산사로 일하셨다. 어머니는 자전거를 타고 먼 거리까지도 아기를 받으러 다니셨다. 밤에도 나가시고 낮에도 집에 계시지 않았다. 그 시절에는 폐결핵 환자가 참 많았다. 어머니는 노란색 페니실린 약을 백 개씩 담아서 환자들에게 매일 주사하였다. 수입도 좋았다. 그때가 우리 집이 제일 잘살던 시절이었던 것 같다.

    어머니는 명절이면 당신이 좋아하던 〈고향 생각〉을 부르셨다. '사랑하는 나의 고향을 한번 떠나온 후에…' 노래를 부르며 고향과 부모님을 그리워하며 우셨다. 남한에는 어머니의 혈육이 아무도 없었다. 어머니가 좋아한 꽃은 황매화라고 하셨다. 고향에는 황매화가 참 많이 핀다고 했다. 어머니가 자식을 많이 둔 것도 외롭지 않기 위해서였다고.

아버지가 사역하시던 욕지도를 떠나 경기도 안성으로 교회를 옮기셨다. 안성으로 이사 오고부터 어머니는 식사를 잘 하지 못하며 많이 아프셨다. 어머니가 아프니 나도 힘이 나지 않았다. 어머니는 서울 세브란스병원에서 위암 수술을 하셨다. 당시 열여섯 살 여고생이던 나는 병원 화장실에 가서 남몰래 울었다. 나는 어머니를 위해 간절히 기도했는데, 그때마다 드는 의문점이 한두 개가 아니었다.

'인생 마라톤이 끝난 것인가. 왜 어린 자식들을 두고 가야 하는가. 이것이 하나님의 뜻인가.'

물론 훗날 우리 인생은 하나님의 손안에 있고, 모든 일이 그의 계획 가운데 있다는 것을 알고 난 후에는 모든 일을 그대로 받아들일 수 있었다.

세브란스병원에 있는 동안 다섯 살이던 막냇동생이 밤마다 어머니를 찾으며 울었다. 그러자 열네 살이던 첫째 남동생이 막내를 업고 자장가를 불러 주며 밤을 지새웠다. 어머니는 1년을 투병하다가 끝내 천국으로 주소지를 옮기셨다. 1969년 성탄 무렵의 일이다. 어머니 나이는 겨우 42세였다. 떠나시기 전에 어머니는 내게 부탁하셨다.

"천국에서 만나자. 엄마 먼저 가서 기다릴게. 예수님 잘 믿고 와라."

아버지는 어머니의 무거운 눈을 감겨 드렸고, 그 모습을 끝으로 어머니는 안식에 들어가셨다. 어머니의 장례식 날, 무척 날씨가 추웠다. 막냇동생을 권사님 댁에 맡기고, 장례를 마치고 돌아오니 막내가 엄마 어디 갔느냐며, 엄마를 찾아 달라고 떼쓰며 울었다. 장례에 다녀온 성도들이 그 모습을 보고 다시 한바탕 울음바다가 됐다. 며칠 뒤어머니의 옷가지와 소지품을 정리했다. 어머니의 부재를 현실로 받아들이며 사무치는 그리움에 하염없이 울었다.

결혼하여 두 아들을 출산했을 때도 친정어머니가 그리워서 남편을 붙들고 참 많이 울었다. 어머니를 아는 장로님, 권사님, 집사님들이 어머니는 따뜻한 사모였다고 기억했다. 항상 수중에 돈이 떨어지지 않았던 어머니는 어렵고 힘든 이들에게 잘 베푸셨다고 한다. 나는 어린 나이에 힘든 일을 겪어선지, 인생을 사랑하고 감사하며 살겠다고 마음을 다졌다. 그래서 두 번의 사업 실패를 겪은 남편에게 싫은 소리 대신에 격려와 위로를 건넬 수 있었다.

친정어머니 소천 후 나는 어머니를 대신하여 네 명의 동생 뒷바라지를 했다. 그뿐 아니라 동생들의 장래 일과 결혼 문제까지도 주님을 의지하며 기도로 구했다. 아침을 지어서 먹이고 도시락 싸고 준비물을 챙겨 학교에 보냈다. 말을 듣지 않으면 매를 들기도 했다. 다행히 동생들은 내 말을 잘 들었다. 사춘기를 아무 탈 없이 넘겼으며, 술담배도 하지 않는 모범 청년으로 자라 주었다. 순하고 고마운 동생들이다.

그래선지 내게는 모범생 콤플렉스가 있었다. 하나님을 믿는 자녀이며 목사의 자녀라는 부담감도 있었지만, 동시에 엄마 없는 아이란 소리를 듣고 싶지 않아 행동에 주의했다. 특히 어린 남동생들에게 모범이 돼야 했다. 지금도 동생들은 "누나는 우리 때문에 연애도 한 번 못 해 봤다"고 이야기한다. 아버지 교회에도 괜찮은 청년들이 있었고 데이트 신청도 받았으나, 쉽게 마음을 열지 못했다.

아버지와 어머니께 드리고 싶은 이야기는 언제나 가슴에 한가득 담겨 있다.

"우리에게 예수 그리스도라는 영생의 복음을 물려주신 아버지, 어머니 사랑합니다. 보고 싶습니다. 이 땅 위에 주의 남은 고난을 채우며 살다가 영원한 그곳에서 다시 뵙겠습니다."

3
PART

뚜벅이 전도행전
[자녀 편]

전도는 무한한 기다림입니다

2013년 7월이었다. 3개월 동안 하루도 빠지지 않고 아파트 입주 전도를 했다. 이사 사다리차가 보여 올라가 보니, 어느 집 문이 열려 있었다. 40대 초반의 키가 크고 세련된 느낌의 부인이 보였다.

"입주를 축하드립니다. 예수 믿습니까? A 교회는 아기학교, 숲학교, 어린이집이 유명하고 신앙생활이 재미있어요."

이렇게 말을 건넸더니, 메마른 목소리가 들려왔다.

"저, 아기 없어요."

그날 전도를 시작하기 전 아침에 아파트 전도를 위해 열심히 기도하고 있는데, 환상이 보였다. 하얗고 큰 화분에 싱싱하고 굵은 장미 몇 송이가 피어 있었다. 마치 태몽 같은 환상이었다. 아침 식사를 하면서 남편에게 들려주었다. 남편도 고개를 갸웃했다. 우리 애들 이야기는 아닌 것 같고, 주변에도 아기를 위해 기도하는 사람이 없었다. 나는 혹시나 싶은 생각에 젊은 부인에게 슬며시 그 이야기를 해주었다.

"실은 오늘 여기 전도를 나오기 전에 기도하는데, 하얗고 큰 화분에 굵고 성싱한 장미가 피어 있는 모습이 태몽인 듯, 환상인 듯 보였어요. 분명 하나님이 보여 주신 것이라 믿습니다. 그 태몽 환상이 이 집을 위해 보여 주신 것이면 좋겠습니다."

그렇게 축복하고 헤어졌다. 그리고 2개월이 지나 전도하러 그 아파트 엘리베이터를 탔는데, 그날 태몽 환상 이야기를 나누었던 부인을 만났다. 그녀는 나를 보자 무척 반가워했다.

"전도사님, 저 임신했어요."

얼마나 기쁜지 진심으로 축하해 주었더니 자기 집에 심방을 와 달라고 했다. 그러면서 자기 이야기를 해주었다. 결혼하고 10년 가까이 자녀가 없었다고 했다. 남편이 해외에서 사업을 하고 있어 떨어져 있는 시간이 많았던 것도 원인이었다. 내 이야기를 들을 때만 해도 그게 무슨 의미인지 몰랐는데, 막상 임신하게 되니 너무 행복하다며 감사를 전했다.

이후 그녀는 등록하지 않고 몇 번 교회에 나와서 예배를 드리고 갔다. 출산 날짜가 다 됐다고 하며, 자기 집에 와서 예배를 드려 달라고 해서 다녀왔다. 당분간 교회에 못 올 수 있으니, 대신 헌금을 전달해 달라기에 그렇게 했다.

그녀는 성싱한 장미꽃같이 건강한 딸을 출산했다. 그러면서 소식이 뜸해졌다. 한번은 어떻게 지내나 궁금해 집에 찾아간 적이 있는데, 벨을 누르니 남편이 문을 열어 주었다. 그 후로도 갈 때마다 남편이 출장에서 돌아와 집에 있었다. 그런데 왠지 나를 보는 표정이 좋지 않아 보였다. 부인을 만나지 못하고 어쩔 수 없이 그냥 돌아와야 했다.

그러던 2014년 5월 11일, 밤늦게 그녀에게서 메시지가 왔다. 아이가 며칠 동안 밤새도록 열이 나고 자지 않고 운다며 심방을 와 달라고 했다. 너무 걱정이 돼 가 봐야겠다고 생각하다가 문득 나를 보던 떨떠름한 표정의 남편이 떠올랐다. 조심스럽게 남편이 있는 것 같은데 이 시간에 심방을 가도 될는지 물었다. 부인은 괜찮다며 지금 바로 와 달라고 했다.

그렇게 오랜만에 그 집으로 심방을 갔다. 우는 아기를 안아 달래고 해열제를 먹여 겨우 재우고 나니 남편이 내게 말을 걸어왔다.

"전도사님이 태몽까지 꾸어 주신 분이라는 걸 전혀 몰랐습니다. 죄송하고 감사합니다."

그날 이후 나는 연속 이틀을 그 집으로 가서 예배를 드렸다. 다행히 아기는 점차 건강을 되찾았다. 남편도 나를 반갑게 맞아 주었다. 2015년 5월 31일, 부부는 1년 8개월 만에 우리 교회에 등록했다.

나는 심었고 아볼로는 물을 주었으되 오직 하나님께서 자라나게 하셨나니 고전 3:6

전도는 무한한 기다림이다.

97

첫 손님은 택시비를 받지 않습니다

새 생명 전도 축제 기간에 있었던 일이다. 우리 교회에 개인택시를 하는 최 권사님이 이 집에 가보라며 아파트 동호수와 아기 이름을 알려 주었다.

다섯 살, 세 살, 두 살, 예쁜 세 딸을 키우는 35세의 젊은 엄마였다. 눈망울이 크고 쌍꺼풀진 눈이 예뻤다. 살림살이가 깨끗하고 화분 정리가 잘 돼 있었다. 친정집은 예수를 잘 믿는 가정인 데 비해, 시댁은 불교 집안이란다. 남편은 교회의 비리가 나오는 뉴스를 접하면 한국 교회를 한데 묶어 비판한다고 했다. 아이 엄마는 아이들을 위해서라도 교회에 가고 싶은데, 남편의 반응이 그러니 선뜻 교회로 발을 떼지 못했다. 다행히 친정 오빠가 부활절, 여름 성경학교, 추수감사절, 성탄 예배 때마다 큰딸을 외가에 오게 하여 교회에 데리고 갔다. 부부에게도 교회에 가자고 권유하지만 남편은 늘 요지부동이라고 했다.

큰딸은 발이 보통 사람보다 안으로 굽어서 오래 걸으면 피곤해하고 잘 지쳤다. 이 상태로 가면 퇴행성관절염이 빨리 올 수 있어 운동 요법으로 치료하고 있었다. 또 막내는 고관절 탈구로 양쪽 고관절에 의료 기구를 끼우고 있었다. 그날도 아이 엄마가 막내를 데리고 병원에 가려고 택시를 잡았는데, 때마침 최 권사님의 차를 탄 것이다. 병원에 도착해서 택시비를 드리니, 권사님이 교회 주보를 주며 말했다.

"첫 손님은 택시비를 받지 않습니다. 예수 믿으세요."

아이 엄마가 남편에게 그 말을 했더니, 남편이 가만히 듣고만 있었다. 나는 우리 교회의 프로그램 중에 '조이 위드'(Joy with)라고 하는 유치원 아이들 리더십 공부를 소개하며 신앙생활을 해보자고 권유했다. 최 권사님은 이 가정에 아이 내복 등을 사서 전도 심방도 했다. 분위기 있는 교회 식당에서 함께 식사도 했다.

아이 아빠도 아이들이 아프니, 뭔가 붙잡고 싶은 심정이었을까. 어느 주일 아이 아빠는 막내를 아기띠로 안고 모자를 눌러쓴 채 처음 교회에 나왔다. 이후 이 가정은 주일이면 빠지지 않고 예배를 드리는 가정이 됐다. 큰딸은 '조이 위드' 프로그램을 하면서 자신감이 생겼는지, 발표도 곧잘 하고 자존감이 있는 아이로 자라고 있다. 아빠는 9시 예배에 큰딸을 데려다 주고, 본인은 다시 가서 11시 예배를 드린다. 막내는 고관절 탈구 수술을 하지 않고도 치료가 됐다. 막내도 어린이집에 맡길 수 있어서 아이 엄마도 성경 공부를 시작했다. 전도한 지 꼭 1년 만의 일이다.

원 포인트 전도 레슨

전도는 기술이 아니라, 끝까지 현장을 지키는 인내입니다

전도 현장에 늘 있다 보니, 저절로 전도를 잘하는 사람이 됐다. 처음엔 전도가 무엇인지 제대로 몰랐고, 어리바리 말도 잘 못했다. 전도가 두려워 아파트 문이 열리면, 계단으로 도망간 적도 있었다. 전도가 일상화되니, 건강한 의식과 사명감이 생겼다. 17년을 매일 아파트 계단을 오르락내리락하고 다녔더니, 허리 무릎 관절 연골이 다 닳아 수술을 해야 했다. 영광의 훈장이라 여긴다. 그래서 이제는 베드로처럼 군중이 모인 곳에서 복음을 전하고, 불신자와 신앙생활을 쉬고 있는 기신자를 전도하는 일에 매진하고 싶다. 이 또한 하나님께 맡기고 기도 중이다.

예수 믿고 더하기 인생을 사세요

그날도 아파트 축호전도를 하고 있었다. 20층에서부터 한 층씩 전도하며 내려왔다. 어느 한 집의 문이 활짝 열려 있었다. 무조건 그곳으로 갔다. 젊은 여자가 울면서 전화를 받고 있었다. 한 40분 정도 통화를 한 것 같았다. 옆에서 통화가 끝나기를 기다렸다가 나는 인사를 했다.

"안녕하세요, 저는 A 교회 전도사입니다."

아이 엄마는 영통에 이사 온 지 이제 일주일 됐다고 했다. 그런데 학교 담임선생님으로부터 전화가 왔다. 초등학교 2학년인 아들이 오늘 수업 시간에 손으로 자기 성기를 만지작거려 교실에 소동이 났다는 것이다. 담임선생님은 아들 행동이 이상하니 인지 검사를 해보라 권했다. 아이 엄마의 표정에서 마치 하늘이 무너진 것만 같은 절망이 엿보였다.

남편은 대전 대덕단지 연구원이었다. 한국의 무기를 만드는 박사이며 대통령상도 탔다고 했다. 일주일에 한 번씩 집에 아빠가 오기도 하고, 아이 엄마가 아이들을 데리고 대전으로 내려가기도 하는 가정이었다.

그 후로 나는 일주일에 한 번씩 이 가정으로 심방을 갔다. 엄마와 아들을 한자리에 앉혀 놓고 찬송가 250장 〈구주의 십자가 보혈로〉를 가르쳐 주고 혼자 부를 수 있게 했다. 또 숙제로 성경을 창세기 1장부터 읽게 했다. 엄마와 아들이 한 절씩 교독하도록 했다. 그리고 다음 주에 심방을 갔다. 아들이 성경을 시간 나는 대로 읽었다고 했다. 아침에도 읽고 학교 다녀와서도 읽고 밤에도 읽었다. 특히 아들은 엄마와 같이 성경 읽는 걸 좋아했다. 내가 있는 데서도 아들은 큰 소리로 성경을 읽었다.

그 엄마는 한 달 만에 담임선생님의 전화를 다시 받았다. 아들의 행동이 많이 좋아져 이제는 정상적인 생활이 가능하다는 이야기를 들었다. 이 가족은 지금까지 신앙생활을 잘하고 있다.

십자가는 산수 기호의 더하기를 닮았다. 예수님 믿고 사는 것은 무조건 더하기 인생이다. 죄인이었던 우리에게 용서를 더하시고, 병든 우리에게 예수님의 부활로 생명을 더하신다. 빈털터리인 우리에게 하늘과 땅의 권세와 축복을 더하고 부어 주시는 것이다. 예수님은 영원히 더하기를 해주신다. 이것이 기독교 신앙이다.

원 포인트 전도 레슨

전도는 반복적이고 지속적이어야 합니다

전도자는 에너지가 밝고 활기찬 사람이어야 한다. 내게 능력 주시는 자 안에서 내가 모든 것을 할 수 있다는, 적극적이며 자신감 넘치는 자세가 필요하다. 예수님은 가버나움에 전도하러 한 번이 아니라 반복적으로 가셨다. 지금도 전도를 위해 2~3년째 계속 교제하는 사람이 있다. 전도는 반복적이고 지속적이어야 한다. 한번 하고 끝나는 것은 전도가 아니다. 진실은 통하게 돼 있다. 빌게이츠는 "내가 아니어도 세상은 잘 돌아간다"라고 했다. 그러나 전도는 '내가 아니면 할 수 없다'라는 생각으로 매달려야 한다.

주님은 어제나 오늘이나 동일하십니다

화창한 봄날, 김 권사님과 같이 우리 교회 위에 있는 전원주택으로 전도를 갔다. 그중에 한 집 문이 열려 있었다. 처음 보는 아이 엄마였다. 인사를 하고 들어갔더니, 유치원 다니는 아들이 잠시도 가만히 있지 않고 타잔처럼 온 방을 뛰어다녔다. 일반적인 모습은 아니었다. 과잉행동장애(ADHD)까지 있는 자폐아였다. 서울에서 살다가 수원중앙침례교회에 장애를 위한 교육이 잘돼 있다고 해서, 아들을 위해 이사를 왔다고 했다. 아이 엄마가 켜 놓은 듯한 컴퓨터에는 그날의 큐티로 보이는 영상 하나가 떠 있었다.

이모저모를 살펴보니, 아이 엄마는 신앙생활은 하고 있었지만, 어제나 오늘이나 동일하게 역사하시며 지금도 살아서 치료하시는 하나님은 제대로 모르고 있는 듯했다. 우리는 히브리서 말씀을 같이 읽었다.

예수 그리스도는 어제나 오늘이나 영원토록 동일하시니라 히 13:8

나는 아이 엄마를 마주 보며 말했다.

"2천 년 전에 병자를 치료하신 주님은 지금도 성령 하나님으로 우리를 치료하고 계십니다. 아이에게 성경을 큰소리로 읽게 하면 하나님이 치료해 주실 거예요."

이후 나는 그 집을 자주 찾아가서 예배를 드렸다. 그런데 어느 날 여느 때처럼 그 집을 찾아갔는데 다른 사람이 살고 있었다. 이사를 간 것이다. 마음이 퍽 서운했다.

그러다가 2년 후 봄, 목요 장터에서 아이 엄마를 다시 만났다. 내 손을 덥석 잡으며 무척 반가워했다. 아이를 유치원에 보내려고 유치원 근처로 이사했는데, 이제 학교에 다녀야 해서 다시 이 동네로 왔다고 했다. 그러면서 한마디를 덧붙였다.

"전도사님, 감사합니다. 우리 ○○이가 이제 천재가 됐어요."

그동안 아들은 다른 치료를 받아도 진전이 없었다고 했다. 그런데 나를 만난 후부터 매일 성경을 읽게 했고, 노트에 성경 필사도 시켰다고 했다. 아이가 엄마 손을 잡고 옆에 서 있는데, 얼핏 보아도 2년 전에 보았던 산만한 아이의 모습은 온데간데없었다. 엄마의 노력이 얼마나 컸을지 짐작할 수 있었다.

"전도사님, 감사해요. 제가 식사 대접할게요."

아이 엄마는 우리 교회 장애부 예배 때 간증까지 쾌히 승낙했다. 하나님은 살아 계시다.

원 포인트 전도 레슨

똑똑한 자녀로 키우려면 말씀을 붙잡으세요

우리가 마지막 때를 살아가면서 붙잡을 건 말씀과 기도 밖에 없다. 말씀과 기도, 찬송과 예배를 가까이하면, 기적의 역사가 일어난다. 현대인을 괴롭히는 여러 심리적 질환, 육체의 질병, 가족 불화, 관계의 틀어짐 등은 영적인 문제에서 기인하는 경우가 적지 않다. 전도자는 이런 문제를 안고 있는 이웃의 가정을 도울 수 있다. 함께 꾸준히 예배를 드리며 말씀 읽기와 찬송생활을 하도록 안내하라. 말씀의 힘은 강력하여, 악한 마귀의 궤계를 물리치고 영적인 싸움에서 반드시 승리하도록 이끈다. 특히 학령기의 자녀에게 계속해서 성경을 읽게 하면, 성령님의 지혜와 총명이 덧입혀져 아이가 똑똑해지고 공부도 잘하게 된다. 내 아이들은 물론 전도 현장에서 숱하게 경험한, 생생한 간증이다.

자녀의 방황은 선교로 해결하세요

그날도 이사 오는 사다리차가 보여 얼른 이사 오는 집으로 다가갔다.

"안녕하세요? 이사 오시나 봐요. A 교회에서 왔어요. 예수 믿습니까?"

"네, 이사 끝나면 오세요."

며칠이 지나 다시 방문했다. 고등학생과 중학생 두 딸을 둔 젊은 부부가 사는 가정이었다. 아이 아빠는 미국에서 공부를 마치고 H 대학교 교수로 청빙을 받아 이사왔다고 했다. 우리 교회를 소개하고 주일 예배에 오시라고 했다. 흔쾌히 승낙했다. 이 가정은 주일 예배에 오더니 등록도 하고 주일 예배에도 빠지지 않았다. 6개월쯤 지났을 때 아내 집사님이 할 말이 있다고 했다.

"전도사님, 사춘기인 우리 큰아이가 문화 충격으로 너무 힘들어해요. 그래서 외국인 교회에 가서 영어 예배를 드리고 싶다고 하네요."

나는 어디라도 가서 딸이 잘 정착하는 게 더 중요하다고 이야기해 주고 기도하고 보내 드렸다. 그런데 어느 무더운 여름날, 이 가정이 우리 교회 본당 뒷자리에 앉아 주일 예배를 드리고 있었다. 다음 주에도, 그다음 주에도 그 자리에 있었다. 한 달이 지났을 즈음, 아내 집사님은 돌아온 이유를 말해 주었다. 외국인 교회에 갔는데, 딸이 그 예배에도 적응하지 못하고 힘들어했다는 것이다.

나는 집사님에게 하나 제안했다. 당시 A 교회는 방글라데시의 가장 빈민촌 마을에 땅을 사서 중학교, 고등학교, 기숙사를 지었다. 그리고 선교비를 보내 무료로 A 미션스쿨을 운영하고 있었다. 일 년에 두 번씩 청년, 장년, 아이들이 부모들과 같이 현지에 가서 전도와 봉사를 한다. 미용 달란트가 있는 분들은 가서 현지 학생과 주민들에게 머리 손질도 해드리고, 아이들은 태권도, 한국 무용 등을 연습해 공연도 하며 문화 교류도 해 왔다.

"집사님은 교회에서 미용을 배우시고, 딸은 부채춤을 준비해서 방글라데시 선교사역을 다녀오세요."

두 모녀는 내 제안을 흔쾌히 받아들이고 준비하더니 방글라데시 선교를 잘 다녀왔다. 그리고 주일 오후 선교 보고회 시간에 아내 집사님이 나와서 간증을 했다.

"딸이 사춘기와 문화 충격으로 1년 동안 무척 힘든 시간을 보냈습니다. 그런데 방글라데시에 보름 동안 선교를 다녀와서 딸에게 믿음이 생겼습니다. 또 조국과 부모님에게 감사하는 마음도 갖게 됐다고 했습니다. 딸을 180도 변화시켜 주신 하나님께 감사드립니다."

그 딸이 지금은 미국에서 공부하고 있다. 1년에 두 번씩 한국에 나오는데, 우리 교회에서 주일 예배를 드리고 간다. 나를 볼 때마다 밝게 웃으며 인사한다.

"전도사님, 감사합니다."

불경 외던 집안이
말씀 외는 집안으로

"전도사님, 우리 집에 빨리 심방 와 주세요. ○○가 이상해요."

전화 너머로 다급한 목소리가 들렸다.

전화한 사람은 A 교회에 출석하는 성도였다. 한걸음에 달려갔다. 초등학교 4학년이던 딸 ○○는 밤마다 자기 방에 귀신이 가득하다며 잠을 자지 못했다. 가위에 눌리고 말도 제대로 하지 못해 눈이 퀭하고 몹시 지쳐 있었다.

○○ 엄마의 친정은 내로라하는 불교 가정이었다. 반야심경, 천수경, 지장경 등 열다섯 권이 넘는 불경을 매일 낭독할 정도라고 했다. ○○ 엄마도 하루에 두세 시간씩 불경을 외우던 시절이 있었다. 그러던 어느 날 ○○가 친구를 따라 엄마 몰래 우리 교회에 나왔다. ○○는 교회에 나가는 걸 아주 좋아했다. 주일을 손꼽아 기다리고 교회에서 들은 찬송을 집에서 부르기도 했다.

어느 날 ○○ 엄마가 집에서 습관처럼 지장경을 외우고 있는데,

귀에 어떤 소리가 들렸다고 한다.

"너 지금 안 오면 죽는다."

누구 목소리인지는 모르나 분명하고 평안한 음성이었다. 순간 그 목소리에 순종하지 않으면 안 될 것 같은, 어떤 강한 힘이 느껴졌다. 혹시 딸이 다닌다던 교회 때문에 생긴 일인가 해서, 딸과 같이 교회의 문턱을 넘게 됐다. 아이 엄마는 즉시 부적, 불경 등을 모두 끌어내 불태우고 신앙생활을 시작했다.

그때부터 영적인 전쟁도 함께 시작되었다. 구역원들이 계속 ○○네 가정에서 예배를 드렸는데, 그날은 분위기가 좀 심각해졌는지 내게 연락을 한 것이다. 나도 일주일에 몇 번씩 시간이 나는 대로 ○○ 집에 예배를 드리러 갔다. 찬송가 250장 〈구주의 십자가 보혈로〉를 몇 번씩 불렀고, 이사야 53장 5절 말씀으로 선포했다.

"예수님이 채찍에 맞음으로 딸 ○○는 나음을 받았도다!"

계속 큰 소리로 선포 기도를 하며 예배를 드렸다. ○○ 엄마는 아이들을 데리고 모든 예배에 하루도 빠짐없이 참석했다. 모두가 합심해 1년 동안 모든 걸 쏟아붓는 예배를 드렸다.

시간이 지나 딸 ○○는 완전히 회복되었다. 나는 ○○에게 숙제를 내주었다.

"하루에 성경을 창세기부터 큰 소리로 또박또박 소리 내어 읽어라. 그리고 네가 마음에 드는 성경 구절을 외워."

그리고 주일에 아이가 오면 성경을 읽고 외웠는지 꼭 확인했다. 그렇게 ○○는 7년 동안 날마다 성경을 다섯 장씩 읽었다. 아이가 고등학교 1학년이 되었다. 과외도 안 하고 학원도 가지 않는데, 평균 점수가 97점이 넘었다. 장래 희망은 우주비행사다. 주일에는 장애부 예배에 와서 발달장애가 있는 중학교 여학생을 위해 봉사하며 기쁨으로 돌봐 준다.

원 포인트 전도 레슨

전도에 대한 두려움을 벗어 던지세요

바울은 때를 얻든지 못 얻든지 항상 복음 전파에 힘쓰라고 했다. 우리 안에 계신 성령께 "주님, 전도하고 싶어요. 도와주세요"라고 기도하며 주의 뜻을 구하면, 그 기도는 반드시 응답된다. 전도하고 싶다는 기도는 성령께서 기뻐 받으신다. 그래서 반드시 전도하게 하시고, 영혼 또한 붙여 주신다. 일상에서 인간관계를 잘 맺는 게 중요하다. 내 아파트 이웃들, 내가 다니는 미용실(이발소)과 음식점, 제과점, 자주 들르는 가게 주인과 직원에게 다가가라. 친구, 동료, 아이 부모들을 만나 대화해 보라. 분명 그중에는 예수 믿을 생명이 예비 돼 있다. 한 사람과 관계된 사람이 250명과 연결돼 있다고 한다. 누가 그 한 사람인지 알 수 없으니, 계속 전도해야 한다.

말은 못해도 사랑하는 마음은 알아요

담임목사님이 어느 날 내게 장애아동을 위한 예배를 시작해 보라고 하셨다. 명칭은 '사랑부'이다. 그래서 주일에 장애아동 예배가 있는 큰 교회 몇 군데로 탐방을 갔다. 친구 신 전도사가 시무했던 수지 새중앙교회 예배에도 참석하여 도움을 얻었다. 그렇게 준비하여 드디어 우리 교회에서도 주일 오후 2시, 사랑부 예배가 시작되었다.

처음 사랑부 예배를 드리던 날, 아이가 한 명도 참석하지 않았다. 그래서 교사 열 명이 예배를 드렸다. 그런데 점차 소문이 나기 시작했다. 우선 교회 안에서 부모와 아이들이 모였다. 차마 예배실 안으로 들어오지 못하고 밖에서만 예배를 드리던 분들도 있다. 그러다가 사랑부 소문이 교회 담장을 넘어 교회 다니지 않는 사람들에게까지 퍼졌다. 그래서 우리 교회 신자가 아닌 부모들이 장애 아이를 데리고 사랑부 예배에 참석했다. 사랑부가 전도의 장소가 되었다. 또 아이들이 이 시간을 기다리며 좋아하자, 교사들도 힘이 났다.

아이들은 유아부와 소년부 등 1차 예배를 드리고 오기 때문에, 사랑부에서는 성경을 창세기부터 한 장씩 읽어 나가기로 했다. 장애 아이들의 특징은 말을 잘 못한다는 것이다. 그래서 내가 선창하면 아이들이 따라 읽도록 했다. 그런데 하나님은 이 안에서 놀라운 일들을 하나씩 이루어 가셨다. 그들은 말하기는 조금 어눌해도 남의 말은 알아듣는다. 교사들이 아이들을 사랑하는 마음으로 말을 건네면, 표정이 밝아지면서 좋아하는 모습을 보인다.

박 집사님, 황 집사님 부부는 사랑부를 섬기는 신실한 하나님의 일꾼이다. 장년부 예배를 드리고 교사와 성가대로 봉사하는, 아이 넷을 둔 부모이다. 박 집사님은 막내를 업고 서서 사랑부를 도왔고, 황 집사님은 피아노 반주를 맡아 예배의 진행을 확실히 책임져 주었다. 나는 다니엘에게 주신 복을 이들의 자녀들(온유, 화평, 희락, 양선)에게도 허락해 달라고 기도한다.

사랑부에는 잘 듣지 못하는 아이를 비롯하여 한두 가지 장애를 안고 있는 아이들이 많았다. 눈이 안 보이는 쌍둥이 형제와 10년 동안 누워 있는 아이도 있었다. 그런데 말씀을 읽고 들으면서, 아이들 표정이 무척 환해졌다. 말을 알아듣고 나면, 더듬거리며 한마디씩 말하기 시작한다. 그럴 때면 교사들이 손뼉 치며 감사했고 하나님께 영광을 돌렸다.

사랑부에서 가장 어린 아이였던 ○○는 10년 동안 온몸에 혹이 나있어서 한 번도 일어나 보지 못하고 살아왔다. ○○는 말은 못 하지만 듣기는 잘했다. 예배드리거나 사람의 인기척이 나면, 표정이 달라지고 좋아했다. 한 번도 빠지지 않고 교회 맨 앞자리에 누워 예배드리고 놀이 치료도 했다. 그런데 그 아이가 중환자실에서 죽음을 기다리는 시간이 왔다.

"○○야, 예수님을 마음속에 받아들이면, 예수님이 계신 하늘나라에 갈 수 있어. 우리 같이 주님께 기도하자."

중환자실에서 《글 없는 책》으로 복음을 전하고 영접기도도 했다. 아이는 예수님이 계신 곳으로 갔다. 하관 예배를 드릴 때 무척이나 평안한 모습이었다. 가족도 천국에 간 걸 확신했다.

원 포인트 전도 레슨

자식 잃은 아버지의 마음이 있습니까

전도는 집 나간 자식이 돌아오기를 애타게 기다리는 아버지의 마음으로 하는 것이다. 하나님을 떠난 불신자들이 따뜻한 아버지의 품으로 돌아오기를 하나님은 간절히 바라신다. 99마리의 양보다 잃어버린 한 마리의 양을 애타게 기다리며 찾아 나서는 주님의 심장을 장착하는 데서부터 전도의 발걸음은 시작된다.

내가 너희에게 이르노니 이와 같이 죄인 한 사람이 회개하면 하늘에서는 회개할 것 없는 의인 아흔아홉으로 말미암아 기뻐하는 것보다 더하리라 눅 15:7

4
PART

뚜벅이 전도행전
[부부 & 가정 편]

전도자만 누리는 기쁨이 있습니다

요즘 사람들이 점점 허무주의에 빠지는 것 같다. 겉으로는 멀쩡한데, 내적으로는 깊은 허탈감과 상실감을 안고 살아간다. 뭔지 모르게 가슴이 채워지지 않고 삶에 의욕이 생기지 않는 모양이다. 이유는 하나다. 진리를 모르고 있기 때문이다. 그들에게 진리이신 예수 그리스도를 전해야 한다.

어느 아파트에서 초인종을 누르며 축호전도를 하고 있었다.

"안녕하세요? A 교회에서 왔습니다. 예수 믿고 구원받으세요."

서른이 채 안 된 것 같은 아기 엄마가 문을 열더니 안으로 들어오라 청해 주었다. 안에서는 40대 중반의 도우미 여성이 예쁜 여자아이를 업고 주방에서 음식을 만들고 있었다. 아기 엄마는 출산 후에 산후풍이 왔는데, 우울증까지 겹쳐 아파트 밖으로 다녀 본 적이 없다고 했다. 밤에 잠도 잘 이루지 못했다. 도우미가 아침부터 저녁까지 집안일을 하고 가면, 퇴근한 남편이 돌아와 가사를 도맡았다.

남편은 직장 일과 집안일, 육아에 지쳐 금요일에 퇴근하면 아기를 데리고 서울 본가로 가 버린다고 했다. 그러고 나면 아기 엄마는 금, 토, 일 사흘을 혼자서 지낸다. 무기력증에 빠져 아무것도 하지 못했다. 어린 딸은 애정결핍으로 두 손가락을 빨아서 굳은살이 박혀 있었다. 보기에도 딱했다.

나는 들어가자마자 예배를 드렸다. 그다음 날도 찾아가서 영접기도를 시키고 예배를 드렸다. 금요일 아침 교회로 출근했는데 또 예배를 드려 달라고 전화가 왔다. 아기 엄마가 배치된 구역의 구역장을 불러서 같이 예배를 드리고 그의 남편을 만났다. 나는 에베소서 5장 31절 말씀을 읽었다.

"그러므로 사람이 부모를 떠나 그의 아내와 합하여 그 둘이 한 육체가 될지니"

그리고 남편에게 이렇게 말해 주었다.

"아기까지 있으니, 이제는 아기 아빠가 이 가정의 가장입니다. 휴일에 본가에 가지 말고 세 사람이 이 난관을 극복해야 합니다. 예배 참석과 함께 말씀을 가까이하면, 이런 상황을 하나님이 개선하고 치료해 주실 것입니다."

부부와 아이는 바로 주일 예배에 나와 유아 방에서 예배를 드리기 시작했다. 구역예배를 드린 지 한 달이 채 되지 않아 구역장이 그 부부의 근황을 알려 왔다.

"전도사님, 아기 엄마가 도우미 아줌마를 내보내고 자기가 살림을 하고 있어요. 유모차 밀고 아기 학교도 열심히 다녀요."

2년 동안 고통을 주었던 산후풍과 우울증이 다 치료되니, 활기차고 복된 가정이 됐다.

우리 교회에서 총동원 전도주일이 있었는데, 아기 엄마는 이렇게 말했다.

"전도사님, 이번에 전도하고 싶은 친구가 있는데, 그 친구 집에 저와 함께 방문해 주세요."

젊은 부부가 예수 믿고 새 삶을 시작하는 모습을 지켜보는 것, 그 감동은 전도자만이 누리는 기쁨이며 최고의 보람이다.

한 사람의 변화가 온 집안을 바꿉니다

"수고하십니다. 이사 오신 것을 축하드립니다. A 교회에서 나왔습니다. 예수 믿습니까? 예수 믿고 구원받으세요."

이사 오는 집이 보여 서둘러 아파트에 올라갔다. 그랬더니 이사 중이던 어느 여성이 대답했다.

"저 말고 우리 동생 전도해 주세요. 제가 기도하고 있는데 완고하네요. 이름은 박○○이에요."

그때부터 전도 짝꿍 집사님과 일주일에 한 번씩 그 집으로 갔다.

"예수 믿고 구원받으세요. 예수 믿고 천국 가십시다. 하나님은 이 가정을 사랑하십니다."

그런데 정작 박○○ 씨는 적대적인 태도로 일관했다.

"예수 안 믿는다는데, 왜 이렇게 귀찮게 구세요?"

역정은 물론이고 문도 열어 주지 않고 욕설을 내뱉은 적이 한두 번이 아니었다. 그래도 한 주에 한 번씩 찾아갔다. 문을 안 열어 주면 아파트 문에 메모를 남겼다.

"예수님의 이름으로 문안드립니다. 하나님은 이 가정을 사랑하십니다. 우리는 매일 박○○ 씨 가정을 위해 기도하고 있습니다. 문 앞에서 하나님께 기도하고 그냥 돌아갑니다. 돌아오는 주일에 교회에서 만나 뵙기를 원합니다. 가정이 평안하길 기도합니다."

날짜와 내 이름까지 남긴 후에 문고리를 붙잡고 기도하고 돌아왔다.

"하나님, 박○○ 씨에게 은혜를 내려 주세요. 복음이 이 가정에 임하기를 간절히 기도합니다."

알고 보니 박○○ 씨 집에는 오랫동안 병상에 누워 중풍을 앓고 있는 친정아버지가 계셨다. 그 사실을 알고는 어느 때는 팥죽과 팥밥을 짓고 삼계탕을 만들어 아파트 문앞에 놓고 오기도 했다. 그렇게 몇 달이 흘렀다.

어느 날, 드디어 박○○ 씨 집 문이 열렸다. 그때부터 박○○ 씨는 신앙생활에 전념했으며, 곧 세례도 받았다. 박○○ 씨가 교회에 나옴으로써, 그의 아버지는 병상에서 담임목사님이 전해 주신 복음을 듣고 예수님을 영접한 후 병상 세례까지 받고 천국에 가셨다. 박○○ 씨는 초신자였지만, 새 가족 성경공부도 열심히 하면서 신앙생활을 기쁘게 잘했다. 어느 겨울, 남편 사업 때문에 영통을 떠나게 되었다면서 유자차 두 병을 들고 교회로 왔다.

"제게 복음을 전해 주시지 않았다면, 하나님도 모르고 살다가 지옥 갔을 거예요. 앞으로도 계속 저와 같은 불신자를 전도해 주세요.

예수 믿고 사는 게 이렇게 기쁜 것인지 몰랐어요."

전도의 맛은 바로 이런 것이다.

원 포인트 전도 레슨

거절당하더라도 기도를 남기세요

믿음이 없는 사람을 만났을 때는 먼저 상대방의 의중을 묻는다.

"지금 댁의 가족을 축복하는 기도를 드려도 될까요?"

"잠깐 축복하는 예배를 드리고 싶은데, 괜찮을까요?"

상대가 허락하면 예배를 드리되, 거절을 당하더라도 그냥 돌아오지 말고 반드시 그 가정을 축복하는 기도를 남겨야 한다. 한 사람을 하나님 앞으로 인도하는 일은 쉽지 않다. 그러다 보니 전도를 굉장히 어렵게 생각하는 성도가 있다. 그러나 단순하게 생각하라. 하나님 나라를 선포하는 것이 전도이다. 사람들을 교회에 데려다 앉히는 것, 전도 현장에서 예수님을 구주로 영접시키는 것만이 전도의 성공은 아니다. 복음을 들려주면 일단 성공한 것이다. 그 기도가 쌓이면 하나님이 언젠가 반드시 문을 열어 전도자를 맞이하는 날이 찾아온다. 또 예배를 드린 가정은 하나님이 꼭 전도 열매가 맺히게 해 주신다.

주님께 돌아온다면
닭백숙이 대수인가요

다섯 살 딸 하나를 키우고 있는 아이 엄마를 놀이터에서 만났다. 아이의 할머니는 교회 권사인데, 아이 엄마는 교회에 두어 번 나간 적이 있을 뿐이라고 했다.

이 집에 일주일에 한 번씩 전도 방문을 나갔다. 그러나 대화할 때와는 다르게 문을 열어 주지 않아, 아파트 문에 주보를 꽂고 손을 얹고 기도하며 돌아오기를 여러 번 했다. 우연히라도 길에서 만나면 꼭 한마디씩 위로를 해주고 헤어졌다.

"○○ 엄마 가정을 위해 기도하고 있어요."

사람들은 대개 이 말이 무슨 의미인지는 정확히 몰라도 자기 가정을 위해서 기도하고 있다고 이야기하면 좋아했다.

설 주간이었다. ○○ 엄마는 설날 시댁에 가서 일을 너무 많이 해 감기 몸살과 허리 통증으로 누워 있다고 했다. 다른 건 권하지 않고 그저 기도해 주고 돌아왔다. 이후로도 이 집은 일주일에 한 번씩 계속 전도를 갔다.

토요일에 전도하러 가다 보면, 아이 아빠가 늘 토정비결 책을 보고 있었다. 나이도 젊은 데다 직장도 좋고 평안해 보이는 가정인데 왜 저런 책을 볼까 의아했다. 계속 찾아가도 교회에 나올 기미는 보이지 않았다. 그래도 계속 찾아갔다.

다음 토요일에도 찾아갔는데, ○○ 엄마가 아직도 아파하며 누워 있었다. 바로 돌아와서 생닭 한 마리를 사서 교회에서 닭백숙을 끓였다. 차에 싣고 갈 수가 없어서 압력밥솥째로 보자기에 쌌다. 걸어서 가는 길에 매서운 겨울바람이 뼛속까지 파고들었지만, 내 마음은 모락모락 김을 내뿜는 밥솥처럼 따뜻했다. 집 앞에 두고 초인종을 눌러 음식이 있다고 알려 주었다. 그다음 토요일 밥솥을 찾으러 갔다. 뜻밖에 ○○ 엄마가 문을 열어 주며 말했다.

"전도사님, 우리 가정 이제부터 교회 나갈게요."

드디어 그 집에 들어가 영접기도를 시켰다. 그 후부터 지각 한 번 하는 일 없이 부부와 딸아이가 주일을 잘 지켰다. 그러다가 남편이 프랑스로 파견 근무를 가게 되어 온 가족이 따라갔다. 3년 후 돌아왔고, 다시 우리 교회로 출석했다. 프랑스에 가서는 아들도 낳아 왔다. 프랑스에서 신앙생활을 잘했느냐고 물었더니, 자기 집에서 도보로 10분 거리에 한인교회가 있어 매주 성경공부도 하면서 신앙생활을 잘했다고 한다. 이들 부부는 여전히 구역예배와 교회 생활에 적극적이다. 작은 일이라도 감동을 주면 전도의 열매가 따라온다.

원 포인트 전도 레슨

입이 즐거워야 마음도 열립니다

복음을 전하는 현장에서는 '영혼의 빵'만 필요한 게 아니다. 복음을 전하기에 앞서 육신의 빵을 먼저 동원해야할 때가 많다. 당장 배고픈 이에게는 복음보다 밥이 먼저다. '입이 즐거워야 마음도 열린다'는 말은 전도자가새겨야 할 금언이다.

전도에 나설 때 교회 집사님들이 가장 잘하는 것 중 하나가 음식을 만들어서 손 대접을 하는 일이다. 특히 병원에 입원 중인 환자를 방문할 땐, 영양 죽이나 따끈한스프를 보온병에 담아 가면 좋다. 나의 경우 일찍 어머니를 여의고 남동생들을 돌보면서, 그리고 새댁 시절부터 시댁 가족의 밥상을 차리며 음식 만드는 일에 훈련된것도 이때를 위함임을 나중에 알았다. 교회 안에서 모든지체는 하나님으로부터 받은 각자의 달란트를 영혼 추수를 위해 사용해야 한다. 손 대접하기를 즐겨하는 것또한 전도의 유용한 도구임을 잊지 말자.

기도하면 반드시 들으십니다

"예수 믿고 구원받으세요. 천국과 지옥은 반드시 있습니다."

한 어머니께 복음을 전했다. 그분 말에 의하면, 처녀 적에는 세례도 받고 신앙생활을 잘했는데 결혼하고 남편과 동대문시장에서 사업을 하면서 교회에 나가지 못했다고 한다. 그런데도 주일마다 땡땡 치는 종소리가 들리면 교회가 생각났다고 했다.

'교회 가야지. 예배드리러 가야지.'

그러나 세월이 흘러 종 치는 소리 대신 차임벨 소리로 바뀔 때까지도 교회에 나가지 못했다. 그렇게 마음만 먹은 시간이 30년이 지났다고 했다. 그랬는데 예수 믿고 구원받으라는 내 전도 소리에 정신이 번쩍 들었다고 했다.

그 주일부터 그분은 우리 교회에 올라와서 예배드리기 시작했고, 한 번도 주일에 지각하거나 빠지는 일이 없다.

집사님의 아들이 아주대학교 앞에서 찻집을 시작했는데, 담임목사님 내외분과 그 집사님과 자부가 같이 개업 감사 예배를 드렸다. 그런데 식사 시간에 그 자부가 갑자기 간증을 했다. 결혼 전에 직장 사장의 고등학생 아들이 자신에게 성경책을 사주면서 꼭 예수 믿으라고 했단다. 언젠가는 교회에 나가야지 생각했다고 한다. 결혼할 때 시어머니가 집사님이라고 해서 남편도 신앙이 있겠구나 생각했다. 한데 결혼 후 보니, 남편은 교회에 나가지 않는 것이다. 그래서 새벽기도 갈 때마다 남편의 양말 한 켤레를 가방에 넣고 다녔다고 했다. 그리고 교회에 가서는 이렇게 기도했다고 한다.

"주님, 내 남편도 교회 나와서 예수 믿고 예배드리는 사람이 되게 해주세요."

그러던 어느 날 남편 입에서 반가운 소리가 들렸다.

"나도 교회에 나가 볼까?"

그러면서 따라 나오기 시작했다고 한다. 그래도 아직 술 마시는 버릇을 고치지 못해 또 기도하기 시작했다.

"하나님, 속에서 술이 받지 않게 해주시고, 술이 끊어지게 해주세요."

얼마 지나지 않아 남편은 속에서 술이 받지 않는다면서 그때부터 술을 딱 끊었다고 했다. 우리도 배우자나 부모님, 형제, 친척 중에 예수 믿지 않는 사람이 있다면, 이렇게 기도해 보면 어떨까. 하나님은 믿음의 행위를 보고 계신다. 전도해 보면 기쁨이 충만해진다.

단 한 번의 권유에도 힘이 있습니다

2012년 추석 무렵, '빌립 전도' 방법을 배우는 중에 일주일에 한 번씩 매일 백 집씩을 돌며 전도지를 붙이는 전도 숙제가 있었다. 추석이 다가오니 귀성길에 들으라고 황수관 박사 전도 CD와 물티슈, 전도지를 예쁜 쇼핑백에 넣었다. 오전 8시부터 평소 안면이 있는 분이나 불신자 가정의 아파트 문고리에 하나씩 걸어 놓고 있었다. 8시 30분에 아파트 입구에서 만난 젊은 엄마에게 전도지가 든 쇼핑백을 건네주었다.

"안녕하세요? A 교회 전도사입니다. 예수 믿고 구원받으세요."

그리고 2013년이 됐다. 주일에 교회 카페에서 어떤 젊은 엄마가 나를 찾는다고 했다. 사실 기억이 잘 안 났는데, 그때 전도지를 받은 사람이라고 했다. 신앙생활을 오래 쉬고 있었는데, 그때 전도지를 받고 정신이 번쩍 들었다고 했다. 다시 신앙생활을 하려고 한다며 바로 교회에 등록했다. 그리고 직장생활 중 시간을 내서 기초 성경공부도 했다.

　이렇게 한 번의 권유로도 전도가 될 수 있다. 예수님을 믿어도 좋고 안 믿어도 괜찮은 사람은 아무도 없다. 안 믿으면 멸망이고 지옥이며 영벌이고 죽음이다. 하나님께로 돌아오면 참 생명을 주겠다고 하셨으니, 먼저 돌아온 우리가 이제는 내 가족과 이웃을 구원해야 한다.

원 포인트 전도 레슨

서두르거나 포기하지 마십시오

나는 오랜 시간 화요장터, 목요장터, 금요장터에서 노방 전도를 했다. 부활절 기간에 금요장터에서 "예수 믿고 구원받으세요"라고 외치는 전도 방법으로 삶은 달걀을 한 알씩 건넸을 뿐이다. 그런데 어떤 젊은 엄마가 달걀을 받으면서 자기 이름과 집 주소, 핸드폰 번호까지 알려 주면서 자기 집에 방문해 달라고 했다.

우리는 때를 얻든지 못 얻든지 내가 판단하지 말고, 반드시 만나는 대상에게 예수 믿으라는 메시지를 전해야 한다. 다만 무르익지 않았는데, 급히 서두를 필요는 없다. 한두 번 거절당했다고 해서 포기할 일은 더욱 아니다.

한 영혼을 위해
세 번의 부활절을 보냈습니다

부활절을 앞두고 달걀 전도를 하고 있을 때였다. 이사 오는 집이 있어서 가 보았더니, 젊은 아기 아빠가 있었다.

"예수 믿습니까?"

"네, 그런데 다음에 다시 오세요."

나는 부활절 달걀 주머니만 건네주고 그냥 돌아왔다.

며칠 후에 다시 오라던 아기 아빠가 생각나 그 집에 다시 방문했다. 그의 부모님은 서울에 있는 제일교회에서 중직을 맡고 있다고 했다. 그런데 자신은 결혼하고 직장에 다니면서 교회와 멀어졌단다. 아이 엄마는 교회를 다닌 적이 없다고 했다. 나는 이후로도 그 부부와 계속 만났다. 해가 바뀌고 두 번째 부활절 때도 달걀을 갖다 주었다. 몇 번이나 예수 믿기를 권면해도 꿈쩍도 안 했다. 그런데 그 댁의 어머니가 우리 전도지를 보고 전화를 주었다.

"우리 아들 며느리 좀 꼭 전도해 주세요."

하나님의 강권하심이 느껴져 포기할 수가 없었다.

또 해가 바뀌었다. 세 번째 부활절이 돼 다시 그 집을 찾아갔더니, 이번엔 아예 이사를 가고 없었다. 오랫동안 기도하고 찾아갔던 가정인데 내심 실망감이 컸다.

그러던 어느 목요일이었다. 장터에서 노방전도를 하고 있는데, 마침 그 아이 엄마를 만났다. 그런데 뜻밖에도 나를 반가워했다.

"전도사님, 우리 부부 교회에 나갈게요."

아이 엄마는 이사 간 자기 집 아파트의 동호수를 알려 주었다. 당장 찾아갔다. 알고 보니 아기 엄마의 시어머니 권사가 불신자 아들 며느리를 위해 수원 ○○교회에서 하는 아버지학교, 어머니학교, 부부학교를 신청해 놨던 것이다. 부부는 토요일마다 수원 ○○교회에 가서 공부하면서 마음의 문이 열렸다. 우리 교회 프로그램 중에도 토요일마다 알파 코스가 있어서 부부에게 권유했더니 질문을 한다.

"알파 코스는 아버지학교나 부부학교보다 가벼워요, 무거워요?"

"가볍습니다."

부부 모두 알파 코스를 신청했다. 부부가 우리 교회에 등록했다. 3년 만의 결실이다. 그날은 또 열 명의 어른이 한꺼번에 등록을 한 날이기도 하다. 얼마나 감사하고 기쁜지 큰 은혜와 감동이었다. 이 감동 덕분에 전도를 안 할 수가 없다. 자녀들이 아직 믿음이 없는 상태라면, 이 방법을 권유하고 싶다. 반드시 효과가 있다.

원 포인트 전도 레슨

기도하고 기대하며 기다리십시오

전도는 사람의 정이나 힘이나 이론으로 되는 것이 아니다. 모든 사람에게 다 때가 있다. 전도자는 추수꾼이다. 각 사람마다 영혼의 때가 있으므로, 복음을 심고 기도하는 게 먼저다. 그리고 기대하면서 기다려야 한다. 절대로 포기하지 말아야 한다. 내가 처음 전도대를 맡아 전도했을 때, 관계는 맺고 있었지만 전혀 먹히지 않는 사람들이 많았다. 이후 신학교를 졸업하고 다른 교회 사역을 마친 후에 다시 A 교회로 돌아와 보니, 모두 이 교회에서 예배드리고 있었다.

우리의 힘으로는 용서할 수 없습니다

매일 전도를 같이 다니던 집사님과 아파트 맨꼭대기층에서부터 아래로 내려오며 축호전도를 하고 있었다. 어느 한 집의 벨을 누르니 아이들 소리가 났다.

"예수 믿습니까? A 교회에서 왔습니다."

집 안에서 초등학생 남자아이의 목소리가 들렸다.

"우리 엄마 아파서 병원 갔어요."

"그렇구나. 혹시 너희 집은 예수님 믿니?"

"외갓집에 가면 교회 가요, 친할아버지 집은 예수 안 믿어요."

이 정도면 신앙조사는 거의 끝났다. 수첩에 자세히 적었다. 그때 아이 엄마인 듯한 젊은 엄마가 약봉지를 들고 엘리베이터에서 내렸다.

"안녕하세요? A 교회에서 나왔습니다. 혹시 이 집에 사시나요? 몸이 아프다고 하시니, 예배드리고 가도 될까요?"

아이 엄마는 의외로 흔쾌히 들어오라고 했다. 아이 말대로 친정집은 신앙생활을 잘하고 있었다. 목회자도 있는 가정이었다. 반면에 시댁 부모님은 불교가 특심인 어른들이었다. 교회를 몹시 비판했고, 가까운 곳에 사는데 며느리를 교회에 보내 주지 않았다. 아이 엄마는 시집살이가 너무 심해 힘들어했다. 그래서 마음에 병이 났다고 했다. 주일에도 가족이 종일 시댁 부모 집에서 지낸다고 했다.

나는 함께 심방 간 집사님과 찬송가 563장 〈예수 사랑하심은〉을 같이 부른 후에 마태복음 18장 21-22절을 읽었다.

그때에 베드로가 나아와 이르되 주여 형제가 내게 죄를 범하면 몇 번이나 용서하여 주리이까 일곱 번까지 하오리이까 예수께서 이르시되 네게 이르노니 일곱 번뿐 아니라 일곱 번을 일흔 번까지라도 할지니라 마 18:21-22

말씀을 읽은 후 나는 이 선포 기도문을 가르쳐 주었다.

"예수님의 이름으로 시아버지 김○○, 시어머니 이○○을 용서하고 사랑하고 축복합니다."

가정에서 일을 할 때, 길을 갈 때, 운전할 때, 시부모에 대한 분노가 올라올 때 하루 백 번이라도 소리 내어 선포 기도를 하라고 일러주었다. 그러면 성령께서 용서의 마음, 사랑의 마음, 예수 그리스도의 평강을 주실 거라고 용기를 주었다. 또 우리 교회는 주일 오전 7시 30분 예배가 있으니, 남편과 아들이 잘 때 미리 예배드리고 시댁에 가라고 권면했다.

그랬더니 아이 엄마는 그다음 주일 7시 30분 예배에 참석하고 교회에 바로 등록했다. 뒤이어 평일에는 교회에 나와 여러 봉사로 섬겼다. 서울로 이사를 하기까지 시부모와의 갈등과 미움으로 아팠던 몸이 치유되고 행복한 신앙생활을 이어갔다.

우리의 힘으로는 용서하기 힘들다. 그렇지만 예수님의 이름으로 용서하고 사랑하고 축복 기도하면 마음에 예수님의 평강이 일어나고 용서가 된다. 나는 감히 이 기도법이 성령의 법이라고 말하고 싶다.

예수의 이름에 능력이 있습니다

2003년, 내가 신학교를 마치고 처음으로 사역을 나갔을 때다. 그때 선임 전도사님이 내가 맡을 교구와 성도들을 한 가정씩 자세히 설명해 주었다. 그중에 사업을 하는 남편과 중학생, 초등학생 두 아들을 둔 가정이 있었다. 아이 엄마는 집사인데, 심한 우울증에 시달리고 있었다. 교회에 출석하지도 않았다.

나는 이 가정에 전화하고 새로 부임한 전도사라고 밝혔다. 몇 번 찾아간 후에야 겨우 문이 열렸다. 그런데 열린 문 너머 보이는 아내 집사님은 몸이 몹시 말라 있었고 몰골이 말이 아니었다. 사업하는 남편은 집에 오는 날이 거의 없고, 두 아들하고만 생활하고 있었다. 부부 갈등이 심한 가정이었다. 아내 집사는 하루에 우유 한 잔으로 연명하다시피 했고, 밤에도 낮에도 잠을 자지 못했다. 초등학교에 다니는 아들은 가끔 엄마에게 이렇게 물어본다고 했다.

"엄마, 미쳤지?"

아내 집사는 본인 이야기를 하면서 엉엉 울었다. 그러면서 나더러 집안일을 도와줄 사람을 구해달라고 했다. 우리 교회에 믿음 좋은 권사님을 소개해 가정을 돌봐 주기로 했다. 나도 일주일에 한 번씩 심방을 했다. 그날은 찬송가 250장 〈구주의 십자가 보혈로〉를 부르고, 마태복음 18장 21-22절을 읽었다. 그리고 기도를 따라하게 했다.

"예수님의 이름으로 남편 박○○을 용서하고 사랑하고 축복합니다."

처음에는 겨우 입술만 움직여 소리가 잘 들리지 않았다.

그 후로도 심방을 갔다. 어느 날엔 집에 있으면서 문을 열어 주지 않았다. 어느 날엔 같이 미용실에 가서 커트도 하고, 나란히 앉아 펌을 할 정도로 가깝게 지냈다. 주기적인 심방 외에 밖으로 불러내서 같이 밥도 먹고 차도 마셨다. 그녀의 기분 전환을 위해 내가 공부했던 신학교 근처로 불러 내 바람도 쐬고 왔다. 그런대로 내게는 마음의 문을 열었지만, 2년이 지나도록 변화가 없었다.

그러다가 사정이 생겨 내가 그 교회를 사임하게 됐다. 당시 아내 집사에게 혹시라도 실망감을 줄까 봐 사임했다는 말을 하지 못했다. 그런데 내가 찾아오지 않으니 궁금해졌던 모양이다. 그녀가 먼저 교회로 연락했단다. 그런데 내가 사임했다는 소식을 듣고는 정신이 번쩍 들었다고 한다. 그때부터 혼자 예배를 드리게 됐고, 소리를 내서 선포기도를 했다고 한다. 그 뒤 하나님은 아내 집사를 깨끗이 치료해 주셨다. 남편은 교회에서 아내를 치유해 주었다며 교역자들에게 식사 대접까지 했다.

나중에 아내 집사가 나를 찾아왔다. 나는 너무 놀랐다. 이게 웬일인가. 너무나 예쁘고 아름다운 모습이었다. 예전의 마르고 우울한 모습은 찾아볼 수가 없었다. 예수님의 이름에는 능력이 있다.

*

원 포인트 전도 레슨

복음은 인생 문제를 푸는 기본 공식입니다

우리는 너 나 할 것 없이 인생의 문제를 안고 살아간다. 직분 고하를 막론하고 예외일 수 없는 질병 문제, 성도 간에 주고받는 상처, 사업 실패, 부부 문제, 질병으로 인한 고통 등이 인생에서 주로 만나는 문제들이다. 기초 실력 없이는 응용문제를 풀 수 없는 것처럼, 복음 없이는 그 어떤 능력과 학식, 돈으로도 풀 수 없는 것이 인생의 문제들이다. 인생 문제의 기본 공식은 복음이다. 하나님의 사랑 즉 복음을 지닌 자만이 이러한 문제를 해결할 수 있고, 복음으로 사는 자라야 평안과 기쁨을 누릴 수 있다. 전도자란 인생의 명약인 이 복음을 유통시키는 사람이다. 복음을 지닌 사람은 문제 속에서 해답을 찾고, 먹구름 속에서 햇빛을 본다. 이 맛을 모두가 느끼며 살아가기를!

용서가 변화의 통로입니다

어느 날, 어린이집 원장 집사님에게서 전화가 왔다. 어린이집에 외할머니가 손자를 데려와 등록하고 갔는데, 그 외할머니가 자기 딸을 꼭 전도해 달라고 부탁하셨단다. 나는 바로 그 집으로 전도 심방을 갔다.

심방을 간 집에서 외할머니가 이야기한 딸, 그러니까 아이 엄마를 만났다. 이런저런 이야기를 나누다가 시댁 이야기가 나왔다. 시댁은 대단한 불교 집안이라고 했다. 시댁은 집 안에 불상이 있고 촛불도 항상 켜 놓는다고 했다. 그래서 시댁에 가면, 그들 부부는 물론 데려간 아들까지 꼭 절을 해야 한다고 했다. 나는 젊은 엄마에게 복음을 제시하고 영접기도를 하게 했다. 시댁의 구원을 위해 기도해야 한다고도 전했다.

그런데 젊은 엄마뿐만 아니라 자기 딸을 전도해 달라고 부탁한 아이의 외할머니도 문제였다. 53세였던 외할머니는 권사 직분을 받아

지금은 신학교에 다니고 있었다. 그런데도 기도에 능력이 없었다. 외할머니가 내게 말했다.

"전도사님, 사실은 제가 기도가 안 돼요."

"권사님, 혹시 용서 못 한 사람이 있나요? '예수님의 이름으로 ○○○을 용서하고 사랑하고 축복합니다'라고 눈뜨고 있는 시간에 계속 선포 기도를 해보세요. 마음에 예수님의 사랑이 넘쳐나야 용서가 됩니다."

얼마 후 권사님에게 연락이 왔다.

"전도사님, 정말 마음이 평안해지고 기도의 문이 활짝 열렸습니다."

누구든지 자신의 삶을 가장 아름답고 완전하게 꾸미고 싶어 한다. 하지만 뜻대로 되지는 않는다. 원치 않았던 아픔이 생긴다. 그때 주님은 일흔 번씩 일곱 번이라도 용서하라고 하신다.

원 포인트 전도 레슨

인생이 안 풀린다고 생각된다면 전도하세요

인생이 안 풀리고 꽉 막힌 것 같다고 말하는 사람을 가끔 본다. 나 역시 그 중 한 사람이었다. 그건 사탄이 막고 있는 게 아니다. 하나님이 막고 있다는 깨달음을 얻어야 한다. 하나님과 나와의 관계 속에서 아직 하나님의 요구에 반응하지 못하고 살아갈 때, 하나님이 우리의 길을 막으실 수 있다. 하나님과 나와의 문제이다. 하나님이 원하시는 것이 무엇인지 생각해 보고, 주님이 원하시는 일에 반응해야 한다.

신앙인으로서 무언가 인생이 안 풀린다고 생각되면, 전도를 향해 눈을 돌려 보라.

너희가 알 것은 죄인을 미혹된 길에서 돌아서게 하는 자가 그의 영혼을 사망에서 구원할 것이며 허다한 죄를 덮을 것임이라

약 5:20

전도 때문에 죽음까지 배웠습니다

체감온도가 영하 15도로 추운 겨울이었다. 매일 내 차를 운전해 주는 이 집사와 함께 전도하고 있었다.

"전도사님, 너무 추워요. 오늘은 그만 전도하고 우리 사우나 가요."

"네, 그럽시다."

추워서인지 목욕탕에는 사람이 많았다. 온탕에 들어가면서 혹시 교인들이 왔나 목욕탕 안을 죽 둘러보았다. 그때 같이 온 이 집사가 소곤댔다.

"전도사님, 저 아주머니는 우리가 목욕탕 올 때마다 있어요. 하나님이 전도하라고 그러나 봐요. 제가 먼저 가서 말을 붙일 테니, 전도사님도 따라 들어오세요."

"그럽시다."

그 여성은 냉탕에 있었다. 이 집사는 그분 옆에서 이야기하고 있었다. 나도 따라 냉탕에 들어갔다. 그런데 갑자기 수도관이 터진 것처럼 찬물이 더 차게 느껴졌다. 내 가슴으로 찬물을 퍼붓는 것 같더니, 눈앞이 캄캄해지는 것을 느꼈다. 순간 이런 게 심장 마비인가 싶었다. 재빨리 냉탕에서 일어나 탈의장으로 나왔다. 바닥에 길게 대자로 누웠다. 아무리 눈을 떠 보려 해도 앞이 캄캄했고, 아무것도 보이지 않았다. TV 소리가 얼마나 크게 들리는지, 마치 내 귀에 확성기를 올려놓은 것 같았다. 눈앞이 캄캄하고 뭔가가 내 몸에서 빠져나가 네모진 곽 안에 있는 것 같았다.

그때 저 끝에서 불빛이 보였다. 그런데 내 두 손이 앞으로 뻗은 채 계속 날아가고 있는 것 같았다. 그 속도는 무척 빠르게 느껴졌다. 이것이 말로만 듣던 유체이탈인가 싶었다. 뭔가 영혼이 빠져나가 마구 달려가고 있는 느낌이었다. 곧 마음의 확신이 들었다.

'아! 이것이 죽음이구나.'

나는 누운 상태로 기도했다.

"주님, 전도자가 목욕탕에서 벌거벗은 채로 죽을 수는 없습니다. 살려 주세요. 내가 예수님의 이름으로 명한다. 이 죽음의 영아! 남혜에게서 떠나갈지어다. 빠져나갈지어다."

수십 번을 간절히 외쳤다. 시간이 한참 흘렀다. 내 귀의 TV 소리는 작아지고, 비로소 눈이 떠졌다. 아직도 목욕탕 탈의실 아래 혼자 누운 상태였다. 시계를 보니 20분 정도 지났을 뿐인데, 엄청난 시간이 지난 것 같은 느낌이었다. 그 상태로 가만히 누워 성령 하나님이 왜 내게 이런 경험을 하게 하셨을까 묵상했다. 그때 사람의 육체는 죽고 영혼은 빠져나가도, 청각의 기능은 제일 오래 남아 있다는 깨달음이 왔다.

그로부터 6개월쯤 지난 어느 날, 여수로 이사한 집사님의 전화를 받았다. A 교회 개척 당시 어린 여전도회장으로서 갓 낳은 아들을 업고 와 교회 마루에 눕혀 놓고 주방 일, 바자회, 전도를 도운 신실한 집사님이었다.

"친정아버지가 66세인데, 예수님은 믿지 않으셨고 지병으로 지금 막 병원에서 운명하셨어요. 전도사님, 어떻게 해요?"

차분한 목소리였다.

"집사님, 지금 아버지 귀 가까이에 가서 복음을 전해 드리고 영접기도를 하세요."

장례를 마치고 집사님이 다시 전화했다. 아버지께 복음을 전하고 영접기도를 했는데, 돌아가신 모습이 너무나 평안한 얼굴이었다고 했다. 분명 복음을 듣고 천국에 가셨으리라 믿는다.

천국에 가셨다고 믿습니다

A 교회 개척 초기부터 모든 공예배와 새벽기도를 빠지지 않는 집사님이 있었다. 친정은 모두 예수님을 믿는 가정이었다. 시댁은 아무도 예수 믿는 가족이 없었다. 그래서 집사님은 새벽기도 시간마다 시댁 구원을 위해 통곡하며 기도했다. 80세 된 시아버지가 간암을 치료하다가 더 이상 차도가 없어 대학병원 중환자실에 누워 있다고 했다. 하루는 집사님에게 연락이 왔다.

"전도사님, 우리 시아버지께 좀 와 주세요."

"네, 그럽시다."

새벽기도를 마치고 아침 6시에 장로인 남편과 같이 대학병원 중환자실로 찾아갔다. 이른 아침이었지만 다행히 면회가 가능했다. 집사님의 시아버지는 코에 산소마스크를 하고 겨우 숨만 쉬고 있는 것 같았다. 불교 신자인 큰아들 부부도 와 있었다. 집사님이 내게 말했다.

"전도사님, 우리 시아버지께 복음을 전해 주세요."

나는 시아버지 가까이 가서 귀에 대고 크게 이야기했다.

"어르신, 지금까지는 예수를 믿지 않았지만 지금 예수님을 믿어도 천국에 갈 수 있습니다. 천국에 가고 싶으시면 눈을 껌벅껌벅 해보세요."

그러자 시아버지가 눈을 껌벅껌벅 움직였다. 나는 바로 복음을 제시했다.

"예수님을 마음에 모시는 기도를 하시면 됩니다. 지금 제 기도를 따라서 하시겠습니까? 눈을 껌벅껌벅 해보세요."

시아버지가 또 눈을 껌벅껌벅했다. 내가 영접기도를 선창하면 옆에 있던 남편과 집사님이 따라서 후창했다. 소리는 잘 안 들렸지만 시아버지도 분명 영접기도를 따라하고 있었다.

얼마 지나지 않아 시아버지의 숨이 멎었다. 돌아가신 모습이 마치 천사 같았다. 천국에 가셨다는 확신이 들었다. 집사님은 무척 안도하며 기뻐했다.

"전도사님, 우리 아버님이 예수 믿고 천국 가셨습니다. 구원받았습니다!"

원 포인트 전도 레슨

병원은 영혼 구원의 황금어장과도 같습니다

사람이 사망에 이르렀을 때, 가장 늦게 기능을 상실하는 감각이 청각이라고 한다. 그래서 의사들은 유족들에게 고인의 귀에 대고 마지막 가는 길에 하고 싶은 말을 하라고 권한다. 환자가 뇌 기능이 멈췄거나 강한 진통제로 인해 수면에 빠진 상태라 해도, 계속 말을 걸며 예수님을 영접하게 해드려야 한다. 혼수상태에서도 따뜻한 작별 인사와 함께 영접기도를 해드리면, 마지막 눈물을 흘리면서 편안한 모습으로 영면에 드는 모습을 적잖게 보았다. 또 믿음생활을 해 오신 어르신일지라도 유족들은 재차 구원의 확신을 심어 줘야 한다. 생의 마지막 정거장인 호스피스 병동은 환자와 유족들에게 복음을 전할 수 있는, 가장 시급하고도 중요한 전도 장소이다.

복음을 꼭 말해 주세요

4월 25일, 부활절 전후로 해서 화요장터, 목요장터, 금요장터에서 노방전도를 했다. 사람들에게 부활절 달걀을 한 알씩 건네주면서 "예수 믿고 구원받으세요"라고 메시지를 전했다.

어느 젊은 엄마가 달걀을 받으면서 아파트 동호수와 이름과 핸드폰 번호까지 알려 주면서, 한번 방문해 달라고 했다. 약속 날짜에 전도 심방을 갔다.

젊은 엄마의 시댁에는 예수님을 잘 믿는 시할머니가 계시고, 시부모님은 사업상 신앙생활을 하지 못하고 있다고 했다. 시할머니는 손자며느리인 그녀만 보면 애들 데리고 교회 나가라고 권유했단다. 자그마치 6년 동안이었다. 그러다가 판교에서 영통으로 이사 와서 장터에 들렀는데, 오늘 내게서 다섯 번째로 예수 믿고 구원받으라는 소리를 들었다는 것이다. 그래서 그날 용기를 내어 내게 심방을 요청했다.

통계적으로 "예수 믿으세요"라는 말을 열일곱 번 듣게 되면, 그 사람 마음에 '한번 믿어 볼까? 교회에 나가 볼까?'라는 생각이 든다고 한다. 그래서 때를 얻든지 못 얻든지, 만나는 누구에게나 "예수 믿으세요"라는 말을 꼭 해야 한다.

5월 22일 10시 50분, 아이 엄마에게 복음을 전했고, 그날 아기 엄마는 예수님을 구세주로 영접했다. 그리고 왜 예배를 드려야 하는지도 설명해 주었다.

> **이 백성은 내가 나를 위하여 지었나니 나를 찬송하게 하려 함이니라**
>
> 사 43:21

> **만일 안식일에 네 발을 금하여 내 성일에 오락을 행하지 아니하고 안식일을 일컬어 즐거운 날이라, 여호와의 성일을 존귀한 날이라 하여 이를 존귀하게 여기고 네 길로 행하지 아니하며 네 오락을 구하지 아니하며 사사로운 말을 하지 아니하면 네가 여호와 안에서 즐거움을 얻을 것이라 내가 너를 땅의 높은 곳에 올리고 네 조상 야곱의 기업으로 기르리라 여호와의 입의 말씀이니라** 사 58:13-14

두 말씀을 예시로 들어 예배드리는 자가 받는 축복을 안내해 주었다. 아이 엄마는 아이들을 데리고 생애 처음으로 신앙생활의 첫발을 뗐다. 물론 교회 등록도 했고, 예배에도 빠짐없이 참석하고 있다.

교회에서 상한 마음을 위로받았어요

2006년 12월 하순이었다. 놀이터 앞에서 젊은 아기 엄마를 만났다. 얼굴색이 왠지 환자처럼 보였다.

"아기 엄마, 예수 믿습니까? A 교회에서 왔습니다."

그러자 그녀가 대뜸 이렇게 말했다.

"혹시 지금 저희 집에 갈 수 있어요?"

"네, 갈 수 있지요."

나는 곧바로 아기 엄마를 따라나섰다. 아기 엄마는 어릴 때 혼자서 동네 교회 주일학교에 다닌 적이 있다고 했다. 청소년기에 하나님을 떠났다가, 스무 살에 가까운 동네 교회로 새벽기도부터 다시 나갔다고 했다. 그러다가 새벽에 교회 가는 걸 무서워하는 자기를 위해 엄마가 새벽기도회에 데려다 주셨는데, 이번에는 엄마가 하나님을 믿게 됐다고 한다. 그리고 2002년, 온 가족이 예수를 믿고 교회에 나가게 됐다.

2004년, 그녀는 22세 어린 나이에 지인의 소개로 남편과 만나 결혼을 했다. 불교에 열심인 시어머니는 아기 엄마가 교회에 다니는 걸 못마땅하게 여기며 강하게 반대했다. 결혼 초부터 시댁의 심한 간섭과 친정의 물질적 어려움으로 몹시 힘들었다. 그러다가 2006년, 사랑하는 언니가 그만 자살하는 일이 생기고 말았다. 딸을 잃고 절망하는 친정어머니를 위로하러 그녀가 친정에 가는 것조차 시어머니는 싫어했다. 그때부터 아기 엄마는 우울증과 불면증으로 정신과 약을 먹으며 힘든 시간을 보냈다.

설상가상으로 친정아버지가 간암으로 투병하다 2년 만에 하나님의 품으로 갔다. 아버지의 갑작스러운 사망으로 친정집이 경매에 넘어갔다. 그 바람에 결혼 후 친정집에 빌려드린 돈을 한푼도 못 받고 모두 잃게 됐다. 그때가 임신 7개월이었는데, 본인의 힘든 처지를 그 누구에게도 위로받지 못했다. 돌아오는 건 시댁의 비난과 남편의 냉대뿐이었다. 교회에 몹시 가고 싶었다. 교회에 가서 마음껏 기도하며 실컷 울고 싶었다. 그러나 시가족이 가로막았다.

출산을 몇 주 남겨 두고 남편과의 이혼을 결심했다. 친정에 가서 첫아이를 출산하려고 계획했다. 그런데 예정일보다 2주 빨리 출산하는 바람에 남편 곁에서 몸조리를 하게 됐다. 그 과정에서 하나님이 남편과 이혼하기를 원하시지 않는 것 같은 마음이 들었다. 또 언니의 자살 이후 무서움증이 생겨 제대로 생활할 수가 없었다. '교회 나가야지' 마음먹고 있는데, 그날 마침 나를 만났다고 했다.

나는 그 자리에서 복음 제시와 영접기도를 하고, 찬송 250장 〈구주의 십자가 보혈로〉를 불렀다. 그리고 용서에 관한 예수님의 말씀(마 18:21-22)으로 예배를 드렸다. 내게 상처 준 사람을 나는 용서할 수 없지만, 예수님의 이름을 부르면 용서할 수 있는 은혜를 주신다고 전했다.

"예수님의 이름으로 남편 ○○○, 시아버지 ○○○, 시어머니 ○○○를 용서하고 사랑하고 축복합니다."

큰 소리로 선포하는 기도를 가르쳐 주었다. 우울증이 올라오면 즉시 보혈 찬송을 소리 내어 부르라고도 일러 주었다. 그리고 남편에게 지금의 심정을 진실하게 이야기하라고 했다. 그녀는 남편을 사랑하지만 마음을 깊이 나누지 못하는 공허함이 가득한 결혼생활을 해온 것 같다고 했다. 그날 아기 엄마는 저녁에 퇴근하고 돌아온 남편에게 교회에 나가지 않으면 죽을 것 같다며, 교회에 나가게 해달라고 사정을 해서 승낙을 받았다.

그녀는 주일 아침 7시 30분 예배에 참석했다. 장로인 우리 남편이 차량 지원을 해주었다. 이후 아기 엄마는 주일 예배와 구역예배에 꾸준히 참석했다. 선포 기도도 빠뜨리지 않았다. 특히 주일 예배 시간엔 상한 마음이 위로받고, 좋은 구역원들을 만나 시댁에서 받지 못한 격려와 사랑도 받았다. 기초 성경 공부도 성실히 다 마쳤다. 어느 정도 마음의 상처가 치유됐다. 시댁 식구와의 상한 감정도 많이 완화됐다. 하나님을 인격적으로 만나면서, 마침내 우울증과 불면증도 사라졌다.

"이제는 하나님 없이는 못 살아요."

그러다가 남편의 사업차 오산으로 이사했는데, 거기서 개척한 지 1년 된 교회를 섬기게 됐다. 우리 교회에서는 사랑과 섬김만 받다가, 개척교회에서 주님의 일을 하려니 시험도 있었다고 한다. 그러나 주님의 말씀으로 훈련받고 교회에서 헌신하며 이제는 세상을 바라보는 눈이 달라졌다고 한다. 그동안의 힘든 훈련은 그녀 자신을 향한 하나님의 계획이었음을 깨달았다고 했다. 불신자였던 남편도 두 아이와 같이 예배를 드리게 되었다고 했다. 그야말로 믿음의 가정으로 거듭났다.

원 포인트 전도 레슨

전도는 은사가 아닙니다

우리는 흔히 전도를 잘하는 사람들에게 "전도의 은사가 있으시군요" 같은 표현을 한다. 그러나 이 말은 잘못이다. 전도는 은사가 아니다. 모든 그리스도인의 첫 번째 의무이자 권리다. 내가 지옥 불에서 건짐받았다는 확신이 있다면, 오늘 나를 스쳐 지나가는 사람 중 혹시 예수님을 모르고 지옥 불을 향해 달려가는 영혼이 있는지 살피지 않을 수가 없다. 그리스도인으로서 아버지의 긍휼하심이 느껴지지 않고 전도에 대한 부담감이 없다면, 과연 구원받은 하나님의 자녀인지 심각하게 내 믿음을 점검해 봐야 한다. 교회는 하나님의 전신갑주를 입은 영적 군대이다.

…전파하는 자가 없이 어찌 들으리요 롬 10:14

선포 기도로 이혼을 막았습니다

어느 수요일에 전도대 팀장이 배치해 준 아파트를 향해 부지런히 걸어가고 있는데, 내 앞에 어느 젊은 엄마가 걸어가고 있었다. 나는 재빨리 옆으로 다가갔다.

"안녕하세요. 예수님 믿습니까? A 교회에서 왔습니다."

젊은 엄마는 그렇지 않아도 교회에 가 볼까, 절에 가 볼까 생각 중이었다며 자기 집 아파트 동 호수를 알려 주고 언제든 찾아오라고 했다. 약속 날짜에 전도 심방을 갔다. 양가 부모 친척은 모두 불교 가정이었다. 세 살짜리 딸이 있었다. 남편과 마음이 안 맞고 도저히 이해가 되지 않아 이혼하고 싶다고 했다. 현재 남남처럼 각방을 쓰고 있다고 했다.

우리는 함께 예배를 드렸다. 찬송가 250장 〈구주의 십자가 보혈로〉를 함께 부르고 마태복음 18장 21-22절을 읽었다. 혼자 있을 때도 이 찬송을 힘차게 부르라고 가르쳐 주었다. 또 매일 잠언 말씀을 그날에 맞는 장을 찾아 읽게 했다. 그리고 선포하는 기도도 가르쳐 주었다.

"예수님의 이름으로 남편 오○○을 용서하고 사랑하고 축복합니다."

이 선포 기도를 눈뜨고 있을 때나 일을 할 때, 운전할 때나 마음이 속상할 때 언제든지 소리 내어 기도하게 했다. 그리고 가정의 문제를 모두 주님께 맡기고 40일 동안 예배를 드리게 했다. 20일쯤 지나도 아이 엄마는 아무 반응이 없더니 40일 예배가 다가올 즈음, 엄마와 딸이 교회에 나와서 등록했다.

한참 시간이 지난 어느 주일이었다. 예배를 드린 후 로비에서 교인들에게 인사를 하고 있는데, 웬 젊은 남자가 갑자기 다가오더니 나를 껴안고 한 바퀴 빙그르르 돌았다.

"전도사님, ○○ 아빠예요. 우리 집에 종종 와 주세요."

부부가 화해했고, 두 부부는 집사가 됐다. 성령 하나님이 이 가정에 찾아와 만져 주셨다. 할렐루야!

원 포인트 전도 레슨

열린 마음부터 노크하세요

전도 대상자 중에서는 마음이 열린 사람부터 적극적으로 만나면 된다. 영혼의 추수에도 때가 있다. 기다려야 할 영혼이 있고, 추수할 때가 된 영혼들이 있다. 하나님이 전도자에게 주시는 약속된 축복이 있다.

네 눈을 들어 사방을 보라 무리가 다 모여 네게로 오느니라 네 아들들은 먼 곳에서 오겠고 네 딸들은 안기어 올 것이라 그때에 네가 보고 기쁜 빛을 내며 네 마음이 놀라고 또 화창하리니 이는 바다의 부가 네게로 돌아오며 이방 나라들의 재물이 네게로 옴이라 사 60:4-5

끝까지 기도하면 달라져요

낙엽이 비처럼 내리는 어느 가을, 박 집사님이 연락처 하나를 주었다.

"전도사님, 아이가 둘인 엄마인데 이혼하고 싶다고 해요. 만나서 상담하고 전도해 보세요. 남편이 오후 6시에 일하러 나간다고 하니 그 후에 전화해 보세요."

그 젊은 엄마에게 몇 번이나 전화하고 문자를 남겨도 묵묵부답이었다. 어떤 엄마일까 궁금해 수첩에 핸드폰 번호를 저장하고 계속 기도했다. 드디어 연락이 됐고, 카페에서 만나기로 했다.

얼굴을 보니 예쁘고 맑은 분이었다. 나는 친근한 어조로 마음에서 우러나는 인사를 그녀에게 건넸다.

"이름이 참 예쁘다고 생각했는데, 얼굴은 더 예쁘시네요. 어쩜 피부가 이렇게 맑아요."

아기 엄마는 수줍게 웃었고, 자기가 살아온 이야기를 꺼냈다. 본인은 모태신앙인인데 부모님이 어렸을 때 이혼했고, 오빠와 둘이 힘들게 살았다고 했다. 그리고 아버지가 다른 언니가 하나 있었는데, 그만 자살했다고 했다. 그런 일이 있고 난 후에 지금의 남편을 만나 결혼했다. 남편은 길에서 손님들을 술집이나 카바레에 오라고 호객하는 일을 하는 사람이었다. 평소 남편은 기분이 나쁘면 집안 살림을 던지고 난폭한 행동을 서슴없이 저지른다고 했다. 그런 모습이 이제는 더 견딜 수가 없어 이혼하고 싶단다.

"저런, 많이 힘들었겠네요. 그런데 어릴 때 부모님이 이혼해 힘든 삶을 살았는데, 본인까지 이혼하면 얼마나 상심이 크겠어요. 이제 예수 믿고 기도하면서 남편도 변화시키고, 남편의 직장을 위해 같이 기도해요. 복된 가정을 만들어 보세요."

그녀는 한참 내 이야기를 듣더니 그러겠다고 했다. 나는 에베소서 1장 17-19절 말씀을 들어 남편의 이름을 넣어서 천 번 기도해 보자고 했다.

"우리 주 예수 그리스도의 하나님, 영광의 아버지께서 지혜와 계시의 영을 백○○에게 주사 하나님을 알게 하시고 백○○의 마음의 눈을 밝히사 그의 부르심의 소망이 무엇이며 백○○ 안에서 백○○ 기업의 영광의 풍성함이 무엇이며 그의 힘의 위력으로 역사하심을 따라 믿는 백○○에게 베푸신 능력의 지극히 크심이 어떠한 것을 백○○로 알게 하시기를 구하노라."

하루에 열 번이라도 좋으니 꼭 말씀을 외우면서 기도하게 했다. 그리고 포스트잇에 '바를 정'(正) 자로 기도한 숫자를 표시하게 했다. 그녀는 흔쾌히 그렇게 해보겠다고 했다. 그 자리에서 나는 《글 없는 책》으로 복음 제시와 함께 영접기도를 했다.

그날 저녁 11시 25분이었다. 아기 엄마는 교회에 나가고 싶은데, 남편의 반응이 무서워 엄두가 안 난다고 했다. 그날도 남편이 새벽에 퇴근해서 낮에 집에서 자고 저녁 6시에 다시 일하러 간다고 했다. 아무래도 그녀가 교회 나오려면, 남편의 승낙 없이는 힘들 것 같았다. 나는 유아부 예배 안내와 숲 학교 안내, 그리고 조이 위드(Joy with) 팸플릿을 건네주었다.

"이걸 남편에게 보여 주고 승낙을 받아 보세요."

다음날 아기 엄마에게서 전화가 왔다.

"전도사님, 남편이 아기 프로그램을 보더니, 작은아이를 봐줄 테니 다섯 살 아들을 데리고 교회 가보라고 승낙했어요. 평소 같으면 교회 이야기를 하자마자 고함지르고 반대했을 텐데, 웬일인지 좋아하더라고요."

그녀는 아이와 함께 예배를 드렸고, 교회에 등록도 했다. 그리고 며칠 후에 아기 엄마에게서 또 전화가 왔다.

"전도사님, 신기한 일이 있어서 전화했어요. 아기 아빠가 밤낮이 바뀌는 직장 말고 다른 직장에 가 보겠다며 새로운 직장을 찾고 있어요."

"정말 잘됐어요. 기도는 이런 거예요. 끝까지 기도해서 남편도 일반적인 직장에 다니고, 예수 잘 믿는 복된 가정을 만들어 봐요."

원 포인트 전도 레슨

진심을 담아 구체적으로 칭찬해 주세요

칭찬은 고래도 춤추게 한다는 말이 있다. 칭찬을 싫어하는 사람은 거의 없다. 특별히 전도자가 건네는 칭찬은 대상자의 마음을 여는 열쇠가 된다. 칭찬은 구체적일수록 좋다.

"헤어스타일이 세련되고 예뻐요."

"인상이 참 좋으세요."

"말씀을 우아하게 하시네요."

"아기가 아주 똘망똘망하게 생겼어요."

"식물을 아주 잘 키우시네요."

"집안 분위기가 아늑하고 좋은데요."

"제가 배울 점이 많은 분이시군요."

물론 거기에는 진심이 담겨야 한다. 그리고 자신에 대한 신분과 소속을 알리는 것도 중요하다.

"저는 ○○교회 ○○○ 권사(집사)입니다."

대화 도중에 질문만 하지 말고, 자신에 관한 이야기도 적절히 하여 친밀감을 조성하자.

❖ 예수 믿고 사는 게 얼마나 기쁜지 알려 주고 싶습니다!

5
PART

하나님이 찾으시는
전도자로 살겠습니다

평안의 매는 줄로 힘써 지키라

A 교회에서 17년을 전도자로 살았다. 하나님의 은혜였다. 나 같은 사람을 사용해 주신 하나님께 감사와 영광을 돌린다. 그분이 나를 사용해 주신 것이 은혜이고, 그저 감사할 뿐이다.

우리 가족은 1995년 12월, 부산에서 수원으로 이사했다. 이사 온 주일부터 정착할 교회를 찾기 위해 여러 곳을 찾아다니며 예배를 드렸다. 아이들이 중고등학교에 가야 해서 중고등부 예배가 잘 돼 있는 교회를 찾고 싶었다. 주일마다 새로운 교회에 갈 때는 그 주간의 십일조를 챙겨서 드렸다. 그러다가 1998년 황곡초등학교 앞을 지나는데, 벽에 A 교회의 창립예배 소식을 담은 현수막이 걸려 있었다. 남편이 한번 가 보자고 해서 그날 A 교회에서 찬양 예배를 드렸다. 남편은 바로 등록하자고 했다. 우리는 이 교회가 우리의 정착지라고 믿고 등록했다. 신혼 시절부터 고종사촌 형님이 개척한 교회를 섬겼기 때문에 개척교회가 크게 낯설진 않았다.

마침 A 교회는 창립예배를 드린 지 이제 막 한 달 된 교회였다. 목사님과 사모님은 우리보다 훨씬 연배가 젊은 분이었다. 그렇게 교회에 출석한 지 1년 6개월 되던 가을, 주보를 보니 내가 전도 팀장으로 임명돼 있었다. 덜컥 겁이 났다. 그날 예배를 드리고 돌아오면서 남편에게 솔직한 심정을 털어놓았다.

"내가 전도 팀장을 할 수 있을까요?"

"당신은 기도의 사람이니 잘할 수 있어. 내가 기도해 줄 테니 해봐요."

실은 그 무렵 올케가 내게 권면하던 것이 있었다.

"형님 집은 믿음 생활 잘하고 사시는 것 같은데, 왜 물질이 막힐까요? 하나님의 다른 뜻이 있는 게 아닐까요? 하나님이 제일 기뻐하시는 전도를 해보세요."

"내가? 이런 목소리로 전도가 되겠어?"

"말씀과 기도로 준비만 되면, 전도는 금방 됩니다."

그 무렵 교회에서 전도 팀장이 된 것이다. 모세는 하나님의 다섯 번째 부르심 후에 비로소 순종했다는데, 나는 그렇게까지 하나님을 섭섭하게 해드리고 싶지 않았다. 그날부터 하나님 말씀을 전도의 약속으로 붙잡고 매일 기도하며, 전도 팀장으로서 최선을 다했다.

당시 기억에 남는 사건이 있다. 지금껏 담임목사님에게도 말씀드린 적이 없고, 남편만 알고 있는 이야기다. A 교회가 창립예배를 드린 지 7, 8개월 되던 무렵, 부흥의 분위기가 흘렀다. 담임목사님이 이전에 섬기던 교회에서 함께 신앙생활하다가 온 집사 부부가 있었는데,

이를테면 담임목사님의 오른손 같은 부부였다. 그런데 남편 집사가 갑자기 돌변해서 성도들 가정에 전화를 하기 시작했다. 전화로 담임목사님 부부와 아이들을 흉보고 트집을 잡았다. 그러면서 A 교회를 떠나라면서 모든 성도 가정에 전화했다. 내 남편에게도 서너 번씩 전화해서 충동질을 해댔다. 예전에 서울 모 교회에 있을 때도, 나는 이런 상황을 본 적이 있다. 교회가 아름답게 성장하는 게 하나님께 영광이지, 분열이 일어나면 안 된다.

그 무렵 A 교회에서 우리 부부가 가장 나이가 많았다. 나는 45세, 남편은 49세였다. 담임목사님과 사모님은 교회에서 밤을 보내며 기도했는데, 이 부분에 대해서는 아무런 언급이 없었다. 나는 우선 집에서 교회를 위해 3일 동안 금식기도를 했다. 에베소서 4장 3절 말씀, "평안의 매는 줄로 성령이 하나 되게 하신 것을 힘써 지키라"는 말씀을 붙들었다. 거룩한 부흥을 주시고 지금 이 문제를 평강으로 인도해 달라고 기도한 후 주일에 오후 예배까지 마치고, 나는 신앙생활을 모범적으로 하는 여자 집사 열 명을 교회에 남게 했다.

"여러분은 A 교회가 개척교회인 줄 알고 오셨습니다. 제가 알기로 목사님 말씀은 복음적입니다. A 교회 재정부장은 우리 남편이고, 재정 담당은 ○○○ 집사님입니다. 현재 교회 재정에는 아무 문제가 없습니다. 그런데 교회의 부흥을 못 하게 사탄이 역사하니, 마음 단단히 먹고 우리가 주축이 돼서 교회를 세워 나갑시다."

그날 남았던 열 명 중에서 세 명이 나중에 장로가 되었고, 네 명은 목사가 됐다. 그 후 교회에 전화해서 난동을 부렸던 집사와 몇 가정은 조용히 떠나갔다. 그리고 A 교회는 부흥에 부흥을 거듭해 35평에서 100평으로 이전했고, 300명의 성도가 모이는 교회가 됐다. 담임목사님은 당시 집사였던 내가 전도한 숫자가 백 명이 넘었다고 말씀해 주었는데, 나는 숫자에는 관심이 없던 그저 순수한 전도자였다.

예수님은 저와 당신을
똑같이 사랑하십니다

A 교회에서는 매주 토요일 오전 9시가 되면, 노숙자 90~100명이 교회 주차장으로 모였다. 교회에서 그분들을 위한 예배를 마련했고, 예배 후에 천 원씩을 드렸기 때문이다. 전임 목사님 세 분과 내가 한 달에 한 번씩 예배를 담당했다. 내 담당은 토요일이었다.

나는 노숙자 예배를 드리기 전에 늘 사무실 권사님에게 복사를 부탁했다. 그날 찬양할 보혈 찬송을 이면지 백 장에 복사했다. 그걸 노숙인 대표반장이 사람들에게 나눠 주면 간이의자에 모두 앉아 함께 찬양을 불렀다. 찬양 소리가 크고 얼마나 아름다운지, 그 소리가 주차장을 지나고 본당을 지나 하늘까지 올라가는 게 느껴졌다. 이렇게 뜨거운 찬양을 올리고 나면, 나는《글 없는 책》으로 복음을 전했다. 그때마다 나는 항상 질문을 던졌다.

"태초에 □□□이 천지를 창조하시니라. □□□이 무엇입니까?"

그러면 상당수가 조용히 손을 든다. 나는 공정하게 순서대로 지명

한다. 지목을 당한 분은 자신감 있게 답한다.

"하나님."

또 "빨간색은 예수님의 무엇을 상징합니까?"라고 질문하면 "예수님의 보혈" 하고 답한다. 그러면 답을 한 분에게 천 원을 드렸다. 한 번 예배에 다섯 번 정도 질문을 하고, 답변하면 그분들에게도 동일하게 천 원을 드렸다. 이렇게 10년 동안 총 520번은 예배드리지 않았나 싶다. 마지막엔 이렇게 말한다.

"여러분은 현재 어렵게 살고 있지만, 예수님은 여러분과 저를 똑같이 사랑하십니다. 예수 믿고 천국 가십시다. 여러분은 하나님의 자녀입니다."

그러면 모두 "아멘"으로 화답해 주었다. 확실한 은혜의 전도였다. 그분들 모두 천국에서 만나기를 소원한다.

지금 만난 주님을 그때 알았다면

A 교회 최 권사님은 보석 같은 전도자이다. 이분은 젊은 날에 남편을 일찍 여의고 3남매를 키우기 위해 시골에서 수원으로 이사 와서 택시를 운전했다. 그런데 운전 중에 인사 사고를 내서 수원구치소에 수감됐다. 최 권사님은 구치소에서 복역하다가 예수 그리스도의 복음을 듣고 예수님을 영접했다.

죗값을 치르고 구치소에서 나온 후부터 매달 하루를 빼서 여주교도소 장기 수감자 사형수 열한 명을 옥바라지했다. 권사님은 매달 열한 명에게 5만 원의 영치금을 입금하고, 면회 갈 때는 그들이 좋아하는 떡, 과자, 빵, 잡채 등 맛있는 음식을 마련해 갔다. 생일이 있는 달에는 케이크도 준비했는데, 어림잡아도 한 달에 100만 원 정도는 쓰는 것 같다. 청주 교도소는 여자 수감자만 있는데, 이분은 그곳에서도 옥바라지를 했다.

그런데 어느 날 담임목사님이 날 부르더니, 최 권사님과 함께 여

주교도소에 심방을 다녀오라고 하셨다. 우리는 최 권사님의 개인택시를 타고 한 달에 한 번씩 심방을 갔다. 이분들은 교도소에서 예수님을 영접한 모범수이다. 우리가 이분들을 만나려면 다섯 개의 철문을 지나야 한다. 음식을 들고 철문을 지나면, 뒤에서 철커덕 하고 문이 잠기는 소리가 들렸다.

먼저 그들이 부르고 싶은 찬양으로 예배를 드렸다. 언제나 우렁차고 믿음이 가득 담긴 찬양이 울려퍼졌다. 이 예배에 하나님의 기름 부으심과 성령의 임재가 느껴졌다. "나 같은 죄인 살리신 주 은혜 놀라워…" 눈물의 예배를 드린다. 예배 자리에 모인 사람들은 아내가 다른 사람과 간통한 사실을 알고 살해한 장성급도 있고, 엄마를 때린 아버지를 살해한 아들, 부모의 상속 문제로 아우를 살해한 형 등 다양하게 있었다. 그들은 예수를 영접한 뒤 하나같이 "내가 그때 예수를 믿었더라면, 이런 일을 하지 않았을 텐데…"라고 고백한다. 음식을 나누고 이야기할 때면, 소탈한 옆집 아저씨 같은 분들이다.

최 권사님 말에 의하면, 이분들은 출소해 나가도 아무도 반기지 않는다고 했다. 최 권사님은 이분들이 사회에 나갔을 때 정착할 수 있게 도와주시는 분이다. 그러니 다이아몬드처럼 귀한 분이라 부를 만하지 않은가. 교도소에 가면 내가 더 은혜받고 힘을 얻어 나온다. 더 열심히 전도해야겠다.

하나님, 제가 신학교에 가겠습니다

우리 가정에서는 얼마 동안 A 교회 주일 점심 식사 비용을 헌신했다. 내가 자녀를 위해 하나님께 서원한 게 있어서이다. 신혼 시절에는 교회 꽃꽂이를 직접 배워 남대문 시장과 양재시장에서 꽃을 사 와 23년간 꽃꽂이로 헌신했다. 성탄 축하 행사가 끝나고 새벽송 가려고 모인 성도가 300명이 됐다. 떡국을 끓여 먹고 남편을 비롯해 성도들이 각자 맡은 지역으로 나가면, 나는 혼자서 300명이 먹은 식사 설거지를 했다. 매주 화요일은 구역장 30명이 구역 세미나를 위해 교회에 온다. 그러면 나는 미리 시장에 가서 반찬거리를 사 와 점심 준비를 다 해 놓고, 공부가 끝나면 식사를 했다. 지금도 그때 권사님들을 만나면, 내가 끓여 드린 갈치 무조림과 꽁치 무조림이 참 맛있었다고 추억하신다.

나는 스물다섯 살에 주님을 인격적으로 만났고, 그 첫사랑을 불태웠던 것 같다. 참 행복한 집사 시절이었다. A 교회는 계속 부흥해 성도 천 명을 넘겼고, 처음으로 장로를 선출하게 됐다. 첫 번째 투표에서 남편이 장로로 선출됐다. 감사와 영광을 돌릴 뿐이다.

당시 나는 수원에 와서 장미꽃 생화 장사를 한 적이 있다. 장미꽃 다발과 장미 바구니를 만들어 놓기만 하면, 불티나게 팔렸다. 한 달에 70만 원의 십일조를 드릴 수 있었다. 그러나 열심히 벌어 둔 돈이 모두 사기를 당해 없어지고 살 소망이 끊어졌다.

"하나님, 우리 살려 주세요. 어떻게 살아야 합니까?"

하나님은 실의에 빠진 내게 약속의 말씀을 주셨다.

밀과 보리의 소산지요 포도와 무화과와 석류와 감람나무와 꿀의 소산지라 네가 먹을 것에 모자람이 없고 네게 아무 부족함이 없는 땅이며 그 땅의 돌은 철이요 산에서는 동을 캘 것이라 네가 먹어서 배부르고 네 하나님 여호와께서 옥토를 네게 주셨음으로 말미암아 그를 찬송하리라 신 8:8-10

나는 이 말씀으로 금식기도를 했다. 기도가 끝나는 날 아침이었다. 방에 앉아 환상을 보게 되었다. 어떤 남자가 세숫대야에 담긴 물로 자기의 발을 씻겨 달라고 했다. 나는 남자라고는 남편밖에 모르는데, 어떻게 모르는 남자의 발을 씻겨 줄 수 있냐며 싫다고 했다. 그와 옥신각신하다가 그 환상에서 깨어났다. 일하고 있을 남편에게 전화를 했다. 남편이 내게 성경을 많이 암송하라고 했다. 성경을 암송하다가 나는 통곡의 눈물을 흘렸다.

"하나님, 제가 신학교에 가겠습니다. 순종하겠습니다."

나는 신학교는 생각도 하지 않았다. 가난한 목사의 딸이었고, 교회 밥을 더 이상 먹고 싶지 않았다. 통곡의 아침이 지나고 나는 동생 박 목사에게 전화했다.

"하나님이 신학교 가라고 하십니다."

"6개월 작정 기도하고 결정하세요."

수원제일교회는 밤 10시가 되면, 그 큰 방에 불이 꺼진다. 그러면 남녀 성도들이 각자 이불을 가져와서 밤새도록 기도한다. 방언 기도, 통성기도, 방언 찬양 등이 이어지는데, 마치 마가 다락방 같다. 그러다가 새벽이 되면 한 사람씩 집으로 돌아간다. 나도 거기에 합류해 기도하다가 신학교에 가는 응답을 받고 순종했다.

수원제일교회에서 1년을 공부했다. 목사님이 야간 신학교에 다니며 전도하라고 하셔서, 낮에는 전도하고 오후 4시에 야간 신학을 했다. 밤 12시가 돼야 돌아오는데, 몸은 파김치가 돼 있다. 그러다가 갑자기 급성 맹장염이 생겨 급히 수술하고, 일주일간 입원해 있었다. 그때 솔직히 참 평안했다. 그렇게 무릎에 물이 차고 허리가 아픈데도 신경 주사를 맞아 가며 공부를 끝냈고 전도도 했다.

그런데 사실 나는 백 명 넘게 전도는 했어도, 영혼 사랑의 눈물이 없었다. 올케에게 내 심정을 솔직히 이야기했다.

"나 거짓 선지자 되는 거 아니야? 전도하지 말까?"

그랬더니 올케가 내게 인천에서 전도를 하시는 이 장로님을 소개해 주었다. 추운 겨울 교회로 갔다. 전도 방법은 그날 처음 만난 전도파트너와 짝을 지어 기도를 받은 후 아파트 호수가 적힌 쪽지를 보고 그 집을 찾아가는 것이다. 내 파트너는 한 번도 전도해 본 적이 없다고 했다. 그분에게는 벨을 누르게 하고, 나는 그날 주어진 전도 방법을 썼다. 전도할 집 앞에 무릎을 꿇고 앉아서 구원을 위해 간절히 기도하는 것이다.

그런데 무릎을 꿇는 순간, 내 눈에 예수님이 한 집 한 집 전도하는 모습이 보였다. 갑자기 뜨거운 눈물이 흘러내렸다. 내 마음 안에서 예수님의 사랑과 구원의 감사와 한 생명이 천하보다 귀하다는 마음이 솟아났다. 그때부터 다시 새 마음으로 전도하기 시작했다. 그러자 한 주에 열 명씩 등록하는 역사가 일어났다. 그 열정이 오늘까지 이어지게 하셨으니, 하나님께 감사할 뿐이다.

이겨낼 힘 좀 주세요

신학교 졸업반 때였다. 우리가 살던 집이 갑자기 경매에 넘어간 사건이 생겼다. 여러 가지 방법으로 알아봤지만, 주인집은 연락이 안 돼 보증금을 받을 길이 없었다. 이사 올 분에게 사정하며 시간을 달라고 했다. 2002년 8월 14일, 삼복더위 속에서 아침 식사를 하고 있었다. 그때 장정 열 명이 들이닥치더니 "귀중품은 챙기세요" 이 한마디를 하고는 한 시간 만에 우리 살림살이를 몽땅 바깥 길에 내던졌다. 얼마나 대충 끄집어냈는지, 김치통이 열려서 다 쏟아졌다. 이사 올 사람이 시간을 조금만 더 주면 반드시 집을 비우겠다고 한 우리 말을 믿지 않았던 거다. 그럴 거라는 사실을 대략 알고는 있었고 기도로 대비했지만, 아직 아들들에게 이야기하지 못한 것이 참 미안했다. 다리가 후들후들 떨렸다.

'하나님, 저 힘 좀 주세요. 이겨낼 힘 좀 주세요.'

나는 속으로 울었다. 큰아들은 다행히 집에 없었고, 작은아들과 나

185

는 길가에서 처참하게 내던져진 살림살이들을 보고 있었다. 잠시 뒤 2.5톤 트럭 사업을 하던 남편이 차를 가져와 짐을 실었다. 그러고는 다시 집을 구하러 나갔다. 그때 작은아들이 내 어깨를 감싸며 말했다.

"엄마, 지금 저 위에 계신 분이 '이럴 때 너희 믿음이 어디 있느냐' 하며 보고 계십니다. 믿음을 보여 드려야지요. 엄마, 욥의 고난에 비하면 이 일은 새 발의 피지요. 믿음으로 굳건하게 일어나요."

아들이 내 어깨를 토닥이며 안아 주었다. 당시 아들은 열아홉 살이었다. 그 순간 감격한 나는 이런 아들을 주신 하나님께 감사와 영광을 돌렸다. 그러나 다리가 후들거려 일이 손에 잡히진 않았다. 그때 권사님 한 분이 생각났다. 전에 길에서 만나 전도했던, 나보다 스무 살이나 연세가 많은 분이다. 권사님에게 전화를 드렸다.

"권사님, 오늘 갑자기 이사하느라 제가 일손이 부족한데 도와주세요."

그 사이 감사하게도 남편은 우리가 머물 거처를 마련해 왔다. 권사님은 바로 택시를 타고 와서 이사하는 집 주방을 다 정리해 주고 가셨다. 정신없는 가운데 새벽 4시까지 짐 정리를 마쳤는데, 오히려 아들들이 우리를 위로했다.

"엄마는 올해 신학교 졸업하면 사역 나가시고, 형은 중국 장학생으로 유학 가게 돼 있고, 나는 장학생으로 신학교에 들어가면 됩니다. 아버지는 열심히 일하시면 되고요. 우리는 내려갈 때까지 다 내려갔으니, 이제는 올라갈 길밖에 없습니다."

온 가족이 감사 기도를 드렸다. 집을 구해 이사할 수 있게 하신 하나님께 감사드리고, 길거리에서 노숙하지 않게 된 것도 감사했다. 우리가 소망을 잃지 않고 믿음으로 이길 수 있게 해주신 하나님께 감사했다. 이튿날 아무 일 없었던 것처럼 일상을 시작했다. 큰아들은 새벽 일찍 식사하고 학원에 갔고, 작은아들은 도시락 두 개를 싸서 도서관에 갔고, 남편도 일하러 나갔다.

2004년 8월 15일이었다. 누구를 원망할 수도 없었다. 나는 그 집 주인을 하나님께 이 말씀으로 고발했다.

여호와께서 내 편이 되사 나를 돕는 자들 중에 계시니 그러므로 나를 미워하는 자들에게 보응하시는 것을 내가 보리로다 시 118:7

하나님께 내 마음을 올려드리고 마음을 다 털어 버렸다. 그리고 전도하러 가려고 말씀을 보고 있는데, 다시 하나의 말씀이 생각났다.

이에 예수께서 제자들에게 이르시되 누구든지 나를 따라오려거든 자기를 부인하고 자기 십자가를 지고 나를 따를 것이니라 마 16:24

나는 방에 앉아 이 말씀을 묵상했다. 고난을 통과하지 않고는 십자가에서 부활하신 예수님을 만날 수 없고, 부활신앙의 뿌리를 내릴 수 없다. 말씀대로 사는 일은 하루아침에 이루어지는 게 아니다. 사탄은 우리가 말씀으로 살지 못하게 한다. 그래서 믿는 자는 날마다 영적 전쟁을 치러야 한다. 하나님의 말씀대로 살면 알 수 없는 기쁨이 온다. 내 배에서 생수의 강이 흘러나온다. 쾌감이 있고 엄청난 힘이 있다. 그래서 말씀을 열심히 읽고, 따로 공부도 해야 한다. 강해를 듣고 무슨 말씀인지 알아야 한다. 말씀이 권능이고 능력의 원천이며 생명이신 하나님이시다. 하여 나는 그날도 모든 아픈 마음과 생각을 털어버리고, 교회로 전도하러 갔다. 마침 8월 15일, 광복절이라 어디나 사람이 넘쳐났다.

2015년, 용천노회에서 전도 대상을 주신다고 했다. 5년 동안 전도한 사람을 세어 보니, 1년에 114명, 총 2천 여 명을 등록시켰다. 용천노회에서 내게 전도대상을 주기 전까지는, 내가 얼마나 전도했는지를 몰랐다. 나를 사용해 주신 하나님께 감사할 뿐이다.

쉰 살이 되던 해, 나는 수원신학교를 졸업했다. 졸업을 했으니, 응당 사역지로 나가야 했다.

너희가 가면 평화로운 백성을 만날 것이요 그 땅은 넓고 그곳에는 세상에 있는 것이 하나도 부족함이 없느니라 하나님이 그 땅을 너희 손에 넘겨 주셨느니라 하는지라 삿 18:10

나는 이 약속의 말씀을 붙들고 사역지를 위해 1년 넘게 기도했다. 하지만 경험 없고 나이 많은 내게 사역지는 나타나지 않았다. 마지막에 사역지가 딱 한 곳이 나왔는데, 성령께서 강하게 막으시는 것을 느꼈다. 그래서 못 가겠다고 말씀드렸다.

떠올리면 행복해지는
사역지가 있습니다

2002년 12월 8일, 종강예배를 드리는 날이었다. 종강예배를 마치면 사역지를 구하기는 더 어렵다. 그날도 전도를 마친 후 삼일교회 김 전도사님의 교회 차를 타고 학교로 가는 중이었다. 내 옆자리에 권선중앙교회(온사랑교회) 교육 파트 박 전도사님이 앉아 있었는데, 내게 권선중앙교회에서 전임전도사 한 명을 구한다며 이력서를 달라고 했다. 나는 이미 6개월 전부터 책가방 속에 이력서가 들어 있는 두툼한 서류를 갖고 다녔다. 그다음 날 권선중앙교회 목사님이 면접을 보자고 했다. 12월 하순이었다.

"우리 교회에서 일하십시다."

권선중앙교회로부터 전화가 왔다. 출석 성도가 천 명이 넘는 교회였다. 한창호 목사님과 김채정 사모께서 부족한 나를 채용해 주셨다. 하나님께 감사와 영광을 돌렸다. 부임한 날 목사님께 말씀을 드렸다.

"목사님, 저는 이 교회에 심방 전도사로 왔습니다만, 그동안 제가

4년 동안 집사로 있으면서 전도대 예배드리고 훈련하는 전도 팀장 일을 했습니다. 저는 전도하는 집사였는데, 전도 교육은 한 번도 받아본 적이 없습니다. 제게 전도 교육을 해주시면 여기서도 전도대를 인도해 보겠습니다."

내 이야기가 끝나자마자, 한 목사님은 곧 수석 목사님에게 전도 교육이 있는지 알아보게 했고, 교회에서 비용을 지원해 주시며 전도 폭발 교육에 참석하라고 하셨다. 일주일 동안 숙식을 하는 스파르타식 교육이었다. 모든 전도문을 암송해야 통과했고, 실제로 전도 나가서 성적을 올려야 졸업을 시켜 주는, 강도 높은 훈련과정이었다. 나는 감사하는 마음으로 열심히 했다.

"○○님, 만일 오늘밤이라도 이 세상을 떠나신다면, 천국에 들어갈 것을 확신하고 계십니까?"로 시작하는 전도 방법이다. 거기서 체계적으로 복음 제시 방법과 영접기도하는 법을 배웠다. 얼마나 행복했는지 날아갈 것 같았다. 그리고 돌아와 한 목사님에게 다시 말씀을 드렸다.

"집사 직분으로 전도팀을 운영했던 경험을 살려 주님을 의지하며 나갈 테니, 전도 특공대와 일반 전도대도 세워 주세요."

그러자 그 주일에 바로 광고가 나갔다. 일반 전도대 40명과 별개로, 전도지를 아파트 문에 넣고 나오는 오전 전도팀과 전도 특공대에 아홉 명의 권사님과 집사님이 신청해 주었다. 너무도 감사했다. 전도 특공대는 오전에 모여 예배드리고, 전도 공부 겸 현장으로 나갔다. 전도하고 와서 보고하고 식사한 후 쉬었다가 또 전도를 나갔다. 한 목사님과 사모님은 우리 전도 특공대 식사를 직접 만들어 주셨다. 전도 특공대가 사랑받고 있다는 느낌이 드니, 더욱 열심히 전도하고 싶어졌다. 그분들이 교회의 주축이 돼서 전도했고, 그중에서 권사님 한 분은 지금도 교회에서 사례를 받는 전도 사명자로 일하고 있다. 지나고 보니, 내 인생 여정 중에 가장 보람 있고 행복한 때였다.

개척교회, 시작이 끝이 되었습니다

A 교회에 있을 때다. 어느 시민이 SNS에 글을 하나 올렸다. 우리 A 교회가 건물을 짓더니 빚이 많아져 무섭게 전도한다며 비난하는 글이었다. 그 일 후로 집집마다 다니며 축호전도를 하는 일이 불가능해졌다. 전도의 문이 막힌 것이다. 어찌할까 기도하는 가운데 성령 하나님이 A 교회를 떠나라고 응답하셨다. 그래서 담임목사님에게 사임한다고 말씀을 드렸다.

그리고 2017년 9월 4일, 새벽기도 가운데 성령 하나님이 위로의 말씀을 주셨다.

소망의 하나님이 모든 기쁨과 평강을 믿음 안에서 너희에게 충만하게 하사 성령의 능력으로 소망이 넘치게 하시기를 원하노라 롬 15:13

나는 교회 개척이라는 사명 앞에 엄청난 갈등 중이었다. 그러나 말씀을 붙들고 기도하는 가운데 개척교회를 시작해야겠다는 결정을 내렸다. 그때부터 교회 장소를 찾아다녔다.

2013년, 나는 뜻한 바 있어서 은혜진리교단에서(예수교대한하나님의 성회 목회대학원) 운영하는 목회대학원 공부를 마치고 2017년 5월 29일, 목사 안수를 받았다. 그리고 21년간의 전도사 사역을 마무리하고 교회를 개척했다.

첫 번째 임지였던 교회는 남 권사님이 정류장 앞에 있는 건물을 계약해 주고 월세도 도와주겠다고 약속하며, 교회 개척을 격려해 주었다. 33평의 텅 비어 있는 공간에 방 1개, 주방 1개, 화장실 1개가 있는 공사를 시작했다. 내가 전도했던 권사님과 집사님들이 성물을 하나씩 맡아서 해주니, 한 달 만에 교회가 세워졌다. 내가 뭐라고 하나님이 이렇게 교회를 주셨을까 감사할 뿐이었다. 감격과 기쁨 속에서 창립예배를 드렸다. 그 기쁨은 하늘을 찌를 정도였다. 재정도 부족함이 없었다. 열심히 전도하고 말씀 준비와 식사 준비를 했다. 열세 명의 성도가 예배를 드렸다. 청년이 네 명이었고, 모두 부모들이었다.

그런데 막상 강단에서 말씀을 선포해 보니, 두려움이 내 목을 조였다. 내가 지금까지 들은 메시지는 축복과 성공에 관한 설교였다. 전도자는 날마다 십자가, 회개, 용서의 삶을 살아야 한다고 알고 있었다. 내 안의 죄와 끊임없이 싸워야 하는 것이 전도자의 삶인데, 성도들에게 번영, 축복, 성공의 메시지를 전하려니, 입이 떨어지지 않았다. 참 힘든 시간이었다. 어떤 종류의 설교를 해야 할지, 내가 이 성도들을 지옥으로 끌고 가는 것은 아닌지, 갈수록 두려워지면서 힘든 시간이 찾아왔다.

게다가 일주일에 네 번의 설교와 성도들 식사 준비를 위해 혼자서 재래시장에 다녀오는 일까지 하려니 벅찼다. 몸이 감당되지 않아 병원에 갔더니, 대상포진이 진행된 상태였다. 후유증으로 혀가 논밭처럼 갈라지고 침이 나오지 않아, 입맛이 없고 잠이 오지 않았다. 병원에서 면역력이 바닥이라고 했다. 내 건강 상태가 좋지 않았다. 주일 예배를 드리지 못하는 상태가 됐다. 나는 하나님께 투정의 기도를 했다.

"이러려고 목사 안수 받게 했습니까? 이 교회는 왜 주셨습니까?"

원망의 기도가 계속 나왔다. 주님의 뜻을 여쭤 보았다. 은혜를 베풀어 주시라고 불퇴진의 기도도 했다. 내 체력으로는 목회를 계속할 수 없었다. 그때 성령의 음성이 들리는 것 같았다.

"이 시대에 목회자는 많다. 그러나 전도자는 없다."

기도 가운데 남편과 아들들과 의논한 끝에 교회를 마무리하기로 했다. 이 교회는 성도들이 처음부터 끝까지 헌금해서 세운 교회이니, 하나님께 그대로 돌려드리기로 결론지었다. 이 시대에 간혹 큰 교회 목사들이 교회를 돈으로 분탕질하는 일이 있는데, 우리라도 하나님 앞에 정직함을 드리기로 한 것이다. 이렇게 결정하고 나니, 마음이 참 편했다.

아들이 인터넷 교회 공인중개사에 권리금 없는 교회라며 우리 개척교회 광고를 올렸다. 그날 밤에 젊은 여자 목사님이 우리 교회로 왔다. 본인은 지금 지하에서 교회 사역을 하는데, 무당이 안채를 쓰고 있고 본인은 지하에서 목회를 한다고 했다. 나는 교회를 무상으로 드리겠으니, 증인 한 명을 데리고 오라고 했다. 그러자 몽골 선교사인 딸이 집에 와 있다며 딸을 데리고 왔다. 우리 장로님과 같이 증인이 돼서 양도할 때 권리금 없이 그대로 교회를 드렸다.

이걸로 22년간의 사역이 막을 내렸다.

그리고 바로 코로나 팬데믹이 시작됐다. 우리 교회를 인수한 여자 목사님은 한 번도 주일 예배를 닫지 않고 주일을 지켰다. 그 후로도 종종 안부도 전하고 기도 제목을 메신저에 올리면서 함께 중보기도도 했다. 얼마 전에는 딸이 지금 출산하는데 양수가 미리 나와 위험 수위가 높다는 기도 제목이 올라왔다. 바로 그 자리에서 40분간 성령께서 기도하게 하셨고, 순산했다는 소식이 왔다. 하나님께 감사 기도를 드렸다.

공황장애가 찾아왔습니다

하나님께 감사 기도를 드리기는 했지만, 그 후로 나는 잠을 자지 못했고 밥도 못 먹었다. 22년의 사역이 물거품처럼 사라지자, 너무나 허망했다. 사촌오빠가 원장으로 있는 구로성심병원에서 건강검진을 했다. 가슴이 너무 뛰고 힘들었다. 검사 결과 심장은 건강했다. 그러나 내과 의사는 나더러 공황장애라고 했다. 생각지도 못한 병명이었다.

나는 원인 모를 밤의 공포가 제일 두려웠다. 두려움이 엄습할 때마다 "너는 밤에 찾아오는 공포와 낮에 날아드는 화살과 어두울 때 퍼지는 전염병과 밝을 때 닥쳐오는 재앙을 두려워하지 아니하리로다"(시 91:5-6)라는 말씀을 계속 묵상했다. 전도사 시절에 나는 전도 대상자가 우울증이라고 하면, 심방하며 계속 예배를 드리게 했었다. 주일 예배, 구역예배, 아기학교, 숲학교에 나오게 하여 식사를 같이하면, 하나님이 치유해 주셨던 기억이 났다.

우리 아파트 앞에 큰 감리교회가 있었다. 우리 부부는 담임목사님을 뵙고 그날부터 모든 예배에 참석했다. 아침 6시부터 낮 11시까지 기도하고 집에 돌아왔다. 30평 공간의 기도실은 태양광 전기를 사용해 24시간 방바닥이 따뜻한 온돌방이었고, 기도를 마치면 누워서 쉬었다가 올 수 있었다. 마음대로 기도할 수 있는 공간이었고, 문은 24시간 열려 있었다.

그런데 그 교회에 나간 지 3개월이 된 어느 토요일이었다. 목사님이 전화하더니 우리 부부가 그 교회와 맞지 않는다며 이제는 교회에 나오지 말라고 했다. 참 어처구니가 없었다. 교회도 기댈 곳이 되지 못한다는 처절한 거절감에 휩싸이면서, 이 세상이 두려워졌다. 상실감과 외로움, 고독감이 끝없이 밀려왔다.

내가 은퇴한 교회는 차로 한 시간 반 거리였다. 누구도 만날 수 없었다. 나 자신이 짓눌려 있으니 전화할 생각도 하지 못했다. 그저 24시간 집에 박혀 기도와 말씀을 읽고, 한 시간 정도 마스크를 쓰고 대학교 운동장을 돌며 운동하는 게 일상의 전부였다. 은둔 아닌 은둔 생활이었다. 나는 비참하게 찌그러졌고, 내 마음에는 아무것도 남아 있지 않았다. 20년간 청춘을 바쳐 일했다. 몸과 마음을 드려 충성했고 기쁨이 충만했다. 그런데 그런 것들이 내 안에 자리한 율법이었음을 깨달았다. 내 의였음을 알았다. 나는 느부갓네살처럼 교만과 의가 가득한 사람이었다. 그걸 덮은 채 봉사, 헌신, 열심의 옷을 입고, 내 믿음이 특별한 양 착각해 왔던 것이다. 나는 율법에 매인 바리새인이었다.

4~5년 동안 주야로 부르짖고 회개하며 기도했다. 여전히 하나님은 얼굴을 가리셨다. 하나님의 응답이 없는, 침묵의 시간이 이어졌다.

그동안 하나님은 내가 다급하게 기도하면, 성경 말씀으로 즉각 응답해 주셨다. 찬송을 부르면 찬송가 가사를 통해 응답해 주셨고, 환경을 통해서도 응답해 주셨다. 지금까지 살면서 내 신앙과 삶의 멘토는 오직 하나님 한 분이셨다.

그런데 하나님의 침묵이 4년째 이어졌다. 깜깜한 고치 속에 꼼짝없이 갇힌 것 같은, 고통스러운 시간이었다. 쇼크가 왔다. 쇼크가 스트레스가 되자, 정신력이 무너져 내렸다. 모든 게 박살났다는 절망감과 함께 하나님께 버림받았다는 자괴감까지 밀려들었다. 그런 내 모습은 마치 신앙과 건강을 한꺼번에 잃고, 고독과 실패의 장소에서 허둥거리는 허수아비와 같았다.

바울 사도의 행적을 돌아보며, 바울의 일생에 새삼 눈물이 났다. 아라비아로 갔다가 다메섹으로 돌아왔고, 다소에서 외로운 인생행로를 보냈던 바울이었다. 바울은 셋째 하늘에 끌려 올라갈 정도로 엄청난 하나님의 영광을 보았던 사람이었다. 그런 바울이 지하 감옥에서 디모데에게 편지를 보내 '겉옷을 가져오라' '가죽 성경을 가져오라'고 하니, 나도 모르게 눈물이 났다. 이방인을 위해 생명을 드려 전도했던 전도자 바울이, 모두 떠나고 누가만 남았다고 고백했다. 그 고백이 어쩐지 나의 이야기인 것만 같았다. 바울 사도가 느꼈을 외로움과 고독이 내 심장을 훑고 지나갔다. 왠지 동질감이 느껴져 많이 울었다. 전도자는 외롭고 쓸쓸하고 대접받지 못하는 것인가 생각해 보기도 했다. 그런 중에 알아차리게 됐다. 내 안에 덕지덕지 들러붙어 있는 '바리새인의 세포'를 싹 걷어 내야 한다는 것을.

'내가, 내가'라는
말이 쏙 들어갔습니다

내가 처음 사역을 시작했던 교회에서 취학 전 아동 장애부 예배를 드릴 때 있었던 일을 아들 앞에서 짧게 말한 적이 있다. 간질을 앓던 네 살 아이가 60번 예배를 드리고 나서 깨끗이 고쳐졌다고 말하자, 아들이 큰 소리로 이야기했다.

"어머니가 하나님이에요? 예수님이에요? 어머니가 어떻게 치료해요! 주님이 하셨잖아요!"

아들의 말에 정신이 번쩍 들었다. 내 기도의 응답이 없었던 이유를 알았다. 내 교만이 깨지기 시작한 시간이었다. 자기 부인과 함께 내 의가 깨졌다.

'아들을 도구로 사용해 나를 깨우쳐 주셨구나.'

그때부터 교만을 회개하기 시작했다.

"당신만이 창조주 하나님, 구원자 하나님, 생명의 주인이신 하나님이십니다."

　나는 심판 주 하나님께 회개하며 그분을 높여 드렸다. 그때부터 "내가, 내가"라는 말이 쏙 들어갔다. 그 후부터는 누가 내게 '전도왕'이라고 칭찬하면, 가장 두려웠다. "하나님이 저를 사용하신 것뿐입니다"라는 즉각적인 반응이 나왔다. 회개와 눈물의 시간이 없었더라면, 나는 내가 바리새인인 줄도 모르고 살았을 것이다.

　2022년 3월 어느 날 밤, 여호수아 2장 18-19절을 읽다가 대성통곡을 했다. 라합 집의 성문에 붉은 줄을 매다는 사건과 그 붉은 줄 아래에 들어온 자는 살려 주겠다는 십자가 사건을 내포한 내용이었다. 십자가는 예수 그리스도를 상징했고, 예수를 구세주로 믿는 자는 다 산다는 말씀이었다. 그 말씀 속에서 나는 또 예수님을 만났다. 십자가 밑에 나아오는 자는 생명을 살려 주겠다는 십자가 사건의 예표였다. 25세에 만났던 성령 체험과는 또 다른 차원의 만남이었다. 다른 영의 세계가 있었다.

　예수님이 내 속에 있을 때 찬양, 예배, 봉사, 헌신이 기쁘고 감사하다는 걸 깨닫고 새롭게 하나님을 만났다. 말씀 속에 새 하늘, 새 땅, 새 노래가 있었다. 우리는 누구든 십자가 복음을 만나야 한다. 노아의 방주는 구원이다. 모세의 바구니도 구원이다. 하나님의 법궤도 구원이다. 우리 모두 하나님을 만나야 한다. 그때부터 나는 공황장애로 인해 복용했던 '정신과 약'을 모두 버렸다. 그리고 오직 하나님만 바라보았다. 비로소 마음 깊이 평강이 임했다. 그때부터 성경을 깊이 연구하고 강해를 들으면서 공부하기 시작했다. 말씀이 꿀송이 같다는 말이 실감이 났다. 이사야서는 한 달에 걸쳐 읽고 또 읽었다. 공부하고 기록하니 더 말씀에 심취하게 됐다.

하나님이 버리시는 인생은 없습니다

2023년, 종합병원에서 척추 4번, 5번 협착증 수술을 했다. 5시간 30분이 걸렸다. 56세 때부터 허리가 아파서 신경 주사를 맞아왔다. 수술 전 늦은 밤, 늦게 아들 부부와 손주가 마스크를 쓰고 우리 집에 들렀다. 코로나 감염 위험 때문에 병원에서는 아무도 만나지 말고, 교회도 가지 말라고 주의를 주었다. 분위기가 경직된 게 어쩌면 죽을 수도 있겠다고 생각했는데, 주님께 다 맡기고 수술을 결정하니 마음이 편했다. 수술이 끝나고 마취에서 깨어났다.

수술실을 나오니 엄청 추웠다. 간호사에게 "너무 추워요"라고 한 마디 하는 동시에 누가 내 온몸에 뜨거운 이불을 덮어 주었다. 갑자기 내 몸이 너무 평안해지며 뼛속까지 따뜻해지는 것을 느꼈다. 하나님의 임재를 경험했다.

"하나님, 감사합니다."

나는 누워서 계속 감사를 드렸다. 그리고 일주일 동안 병실에 있었는데, 척추 수술이라 그런지 후유증이 엄청났다. 누워 있는 일 외엔 내 힘으로는 무엇 하나 꼼짝할 수 없었다. 요양사가 와서 화장실 가는 것까지 다 도와주었다. 한 번 일어나려면 간호사가 와서 어린아이 돌보듯 부축해 주어야만 했다.

사흘째 되는 날이었다. 우리 주님은 대가 없이 이 고통을 달게 지신 거구나 생각하니, 사무치게 감사하고 황송해서 주루룩 눈물이 쏟아졌다. 3개월간은 식사도 서서 먹으라고 했다. 남편이 가정 살림을 다 했다. 성도들이 김치, 밥, 반찬, 국을 번갈아 가며 챙겨 주었다. 감사했다.

석 달간을 24시간 내내 마음껏 성경 강해를 들으며 은혜와 감동이 컸다. 특히 다니엘서에서 묵직한 회개가 됐다. 느부갓네살의 7년의 고통처럼, 내게도 침울한 시간의 강이 있었다. 느부갓네살이 겸손하고 하나님을 높일 때 나라가 부강했고, 교만했을 때 왕위에서 쫓겨나 들짐승과 함께 지내며 풀을 먹고 살았다. 느부갓네살은 지극히 높으신 이에게 감사하며 영생하시는 하나님을 찬양하고 예배했다.

그 권세는 영원한 권세요 그 나라는 대대에 이르리로다 단 4:34

퇴원하고 나니 기도가 달라졌다. 잘 먹고 잘살게 해달라는 기도가 아닌, 내가 죽어야 하나님이 산다는 기도로 바뀌었다. 아침 5시에 기상한 후 6시부터는 오직 하나님 나라와 의를 위한 간구의 시간을 가졌다. 서너 시간의 기도 속에서 주님을 만나는 평강과 달콤함을 누렸다. 말씀이 꿀처럼 달았다. 6~7개월 동안 나는 오로지 주님께만 초점을 맞춰 기도하며 말씀에 빠져 지냈다. 믿음과 소망이 있기에, 인내하고 기다렸다. 다니엘서의 마지막 당부는 '기다려라'이다.

하나님의 시간표와 우리의 시간표는 다름을 짙게 체험했다. 나는 수원신학교를 졸업했는데, 어느 날 학교에서 내 소식을 듣고 전화가 왔다. 요즘 근황을 이야기했더니, 주변 목사님들은 박남혜 목사가 전도를 많이 해서 교회를 새로 건축했다는 걸 알고 있다고 했다. 사실 간간이 전도 간증 글을 써 놓은 게 많았다. 전부터 여기저기서 전도 책을 내 보자고 했지만, 내가 처한 상황상 딱히 출간할 명분이 없어서 거절하곤 했다. 이번에 전도학교를 섬기게 되면서, 책을 출판하기로 했다. 25년의 세월이 지났다. 하나님은 영과 진리로 예배하는 자를 찾으신다는 말씀처럼(요 4:23), 기도하고 기다리니 뜻밖의 선물이 주어졌다.

하나님의 말씀과 우리 인생 사이에는 어두운 날들이 있다. 그러나 하나님은 어두운 날들을 견뎌 내는 사람, 살아 계신 하나님을 잊지 않고 그분 힘의 원천으로 사는 사람이 하나님의 희망이라고 말씀에서 밝히고 계신다. 그 누구도 고장 난 인생이라고 버리지 않고 고쳐 쓰시는 하나님이다. 모든 것이 하나님의 은혜다. 하나님은 살아 계시다. 살아 계신 하나님과 함께 가는 인생이 복되고 복되다.

말씀으로 위로해 주십니다

나를 아는 목사님과 주위 사람들의 권유로 나비전도학교(나비는 히 브리어로 '전도자' '복음을 나르는 자'라는 뜻)를 세우고, 12주 과정의 전도훈련 프로그램을 개설했다. 말씀 중심의 이론 수업과 현장에 나가 직접 전 도 실습을 하는 교육 과정으로 평생 해보고 싶은 사역이었다. 마음의 소원을 이루게 해주신 하나님께 감사했다.

이때 나는 처음으로 하나님께 이렇게 여쭤 보았다.

"하나님, 많은 사람이 있는데, 왜 남들이 가지 않는 고난의 길을 저에게 주셨나요?"

어느 날이었다. 하나님이 말씀으로 나를 위로해 주셨다.

보라 내가 너를 연단하였으나 은처럼 하지 아니하고 너를 고난의 풀 무 불에서 택하였노라 사 48:10

나는 이제 하나님의 무한하신 사랑과 은혜를 누리며 제3의 인생을 살아간다. 감사, 감격, 기쁨, 은혜의 삶이다. 하나님은 내게 새 하늘, 새 땅, 새 기쁨, 새 평안을 아무 대가 없이 은혜로 주셨다. 거룩한 백성으로서의 정체성을 가지고 살라 하신다. 이제부터는 새 일, 네가 알지 못하던 은밀한 일을 나만 보고 듣게 하리라고 하신다. 유일한 구원자이신 우리 하나님께는 긍휼과 자비하심이 있다. 그래서 우리는 순종하는 삶으로 하나님께 영광 돌려드려야 한다.

큰 손녀가 며칠 전에 벚꽃 구경을 하고 우리 집에 와서 잤다.

"하린아, 아빠 키울 때 할머니가 불렀던 자장가 불러 줄게."

"네."

"용화와 하린에게 향하신 여호와의 인자하심이 영원 영원 영원하시도다. 영원 영원 영원하시도다."

4절까지 다 부르고 나자, 아이가 벌떡 일어나 두 엄지손가락과 두 엄지발가락으로 따따봉이라고 퍼포먼스를 해주었다.

"할머니, 감사해요."

"하린아, 사랑하고 축복해. 주 안에서 예쁘고 건강하게 자라라. 할머니, 할아버지는 매일 너를 위해 기도한단다."

둘째 아들 자녀의 이름은 장이은이다. 손녀의 이름이 무슨 뜻이냐고 물으니, '이어 주는 사람'이란다. 하나님과 세상을 이어 주고 하나님과 사람을 잇고 사람과 사람을 이어 주는 삶을 살길 바라는 마음에 '이은'이라고 지었다는 것이다. 뜻을 듣고 보니, 정말 멋진 이름이라는 생각이 들었다. 손녀가 이름처럼 살 수 있다면, 정말 멋진 인생이 될 수 있겠다 싶었다.

그런데 더 멋진 부분이 있다. 하나님과 세상을 이어 주고 사람과 사람을 이어 주는 방법도 이름에 들어 있다는 것이다. 바로 이름 앞에 있는 베풀 '장'이다. 하나님과 세상을 이어 주고 사람과 사람을 이어 주어 하나님 나라를 만들어 가는 방법은 바로 '베풂'이라는 것이다. 자기 것을 더 많이 쌓아 가는 삶이 아니라, 베풀어 하나님 나라를 만들어 가는 사람이라는 뜻이 담겨 있다. 이름의 뜻을 듣고 나는 매일 기도한다.

"하나님 우리 손녀가 정말 이름처럼 사는 인생이 되게 해주세요."

하나님이 우리 가정에 두 손녀를 허락하셨다. 시편 기자의 "네 자식의 자식을 볼지어다 이스라엘에게 평강이 있을지로다"(시 128:6) 하신 말씀을 묵상하며 하나님께 감사했다. 나는 참 행복한 사람이다. 손녀 하린이는 5대째 신앙의 자식이다. 아이는 아침마다 큐티를 한다. 전도상도 탔다. 학원에 다니지 않지만 영재다. 겨울 방학이 되면 토요일에 독거노인을 위해 연탄을 두 장씩 지게로 나르고 온다. 학교에서는 다문화 친구들을 잘 다독여 준다고 교장 선생님이 칭찬하는 아이다. "오직 나와 내 집은 여호와를 섬기겠노라"(수 24:15) 고백하는 여호수아 같은 믿음의 계보가 천 대까지 이어지길 기도한다.

하나님 내 인생 괜찮네요

나는 남들보다 늦게 하나님의 부르심을 받고 신학을 했다. 그리고 전도 사역자로 자리매김하며 주의 일을 했다. 전도는 그 가정의 모든 걸 알고 기도해 주며 불신자들을 주님께로 인도하는 사역이다. 겉으로 행복해 보이지만, 하나님 없이 살면서 망가지고 실패 직전에 있는 가정들을 많이 만났다.

이혼 일보 직전의 가정, 외도하는 남편, 도박으로 월급을 가져다 주지 않는 남편, 각방 쓰는 부부, 결혼 후 자녀의 출산이 없어 괴로워 하는 가정, 한집에 살면서 고부간의 갈등을 겪는 가정 등 인생이 참 쉽지 않다는 것을 숱하게 보면서 알게 됐다.

그럴 때마다 나는 에베소서 1장 18-19절 말씀을 함께 읽도록 했다.

너희 마음의 눈을 밝히사 그의 부르심의 소망이 무엇이며 성도 안에 서 그 기업의 영광의 풍성함이 무엇이며 그의 힘의 위력으로 역사하심을 따라 믿는 우리에게 베푸신 능력의 지극히 크심이 어떠한 것을 너희로 알게 하시기를 구하노라 엡 1:18-19

이 말씀을 천 번 읽으며 기도하고 예배드린 결과, 가정이 천국으로 변화하는 것을 수없이 목격했다.

자녀가 없어 괴로워하는 젊은 집사가 추운 겨울에 울면서 전화를 했다. 우리 집과 먼 거리라 남편이 나를 태워다 주었는데, 내가 그 집에 들어가 나올 때까지 남편이 밤새도록 기다리던 일도 있었다. 젊은 부부는 결혼한 지 10년이 지나도 아이가 없어 항상 슬퍼했다. 남편이 외국 출장을 가면 속상한 아내는 술을 잔뜩 가져다 놓고 울며불며 마시고는 했다. 한 번은 여자 집사 혼자 집에 있다고 해서 방문했는데, 집안에 들어서니 술 냄새는 물론 방바닥은 난리통이고 여자 집사는 몸도 가누지 못했다. 새벽까지 기다려 술이 깨도록 꿀물을 먹이며 토닥였다. 정신이 조금 들자, 그녀에게 입양을 권유했다. 이후 부부는 합의해 아내를 닮은 예쁜 딸을 입양했다. 그 가정은 행복하게 살아가고 있다.

고부간의 갈등도 쉽지 않았다. 넓은 저택에서 시댁 식구들과 사는 며느리는 너무 힘들어서 이혼하려고 가방에 잔뜩 짐을 싸고 숨겨 놓았다. 그것을 본 시어머니가 내게 연락했다. 그 집에 저녁 9시에 가서 새벽 4시에 돌아왔다. 내가 겪은 시집살이를 들려주며 잘 설득해 가라앉힌 후 훗날 분가하게 했다. 지금은 교회에서 예수님을 주인으로 모시고 복되게 살아간다.

이런 분들이 시간이 흘러 장로, 안수집사, 권사들이 되었다. 이제는 애경사에 꼭 우리 부부도 초대한다. 지나간 삶을 이야기하며 눈물을 짓기도 하고 박장대소한다.

"목사님, 너무 감사했습니다. 목사님 만난 것이 우리 부부에게는 행운이었습니다."

이제는 성도와 교역자의 관계가 아니라, 언니나 이모처럼 지낸다. 물론 중보기도의 제목은 끝이 없다. 그러나 기쁘고 행복하다. 이들은 내 인생에서 가장 아름다운 선물이다. 결혼 45주년 때도 우리 부부를 불러서 성대하고 근사하게 잔치를 해주었다.

'하나님, 내 인생 괜찮네요. 참 행복합니다.'

신명기 33장 28-29절 말씀이 생각난다.

이스라엘이 안전히 거하며 야곱의 샘은 곡식과 새 포도주의 땅에 홀로 있나니 곧 그의 하늘이 이슬을 내리는 곳에로다 이스라엘이여 너는 행복한 사람이로다 여호와의 구원을 너 같이 얻은 백성이 누구냐 그는 너를 돕는 방패시요 네 영광의 칼이시로다 네 대적이 네게 복종하리니 네가 그들의 높은 곳을 밟으리로다 신 33:28-29

아멘.

25년 사역의 발걸음을 이어 가면서 힘들고 외롭고 고달프고 아프기도 했지만, 내 인생은 헛되지 않았다. 예수 그리스도의 거룩한 영향력으로 섬기며 사랑하며 내 인생을 여기까지 오게 하신 주님께 감사

드린다.

"하나님, 감사합니다. 당신은 멋쟁이십니다. 저의 남은 인생 또한 당신께서 맡기신 영혼을 추수하며 마지막 때에 하나님이 찾으시는 그 한 사람이 되고 싶습니다."

부록

전도의 황금 레시피

01

전도가 내게 주는 의미와 유익

전도는 내 삶이며 인생이다. 그래서 나는 일주일에 5일은 전도 현장에 가 있다. 아파트, 길거리, 시장, 대중목욕탕, 병원, 안경원, 미용실, 관공서, 우체국, 수영장, 심지어 옷 사러 가서나 택시 탈 때도 전도한다. 나는 생활 전도자다.

"예수 믿습니까? 예수 믿고 구원받으세요. 예수님을 만나면 삶이 바뀝니다."

수원 영통에서는 내가 교파를 초월해 전도하는 전도사로 알려져 있다. 영통에서 17년을 전도했다. 1973년, 빌리 그레이엄 목사는 여의도 광장의 전도 집회에서 이렇게 말했다.

"한 영혼이 천하보다 귀합니다."

그런데 당시 나는 그게 무슨 뜻인지 깊이 알 수가 없었다.

내 나이 47세 되던 해, 예수전도협회가 주관한 4박 5일 전도 집회에서 환상을 보았다. 25세에 만났던 성령 하나님은 그날도 내게 영의 눈을 열어 주셔서, 지금도 한 영혼을 찾고 계시는 주님의 모습을 똑똑하게 보여 주셨다. 4박 5일 동안 평생 흘릴 감동과 은혜의 눈물을 주셨다. 은혜의 눈물, 구원의 눈물, 감사의 눈물, 영혼 사랑의 눈물이 하염없이 쏟아져서 큰 타올을 들고 다니며 집회를 마쳤다. 그때의 그 감동이 지금까지 나를 지탱해 주며 외로운 전도자의 길을 갈 수 있게 한 원동력이 됐다. 지금도 매일 십자가를 긋고 "예수 믿으세요!"를 속으로 외치며, 영생을 받기로 작정한 영혼을 찾고 있다.

매년 새해가 시작되는 송구영신 예배를 마치면, 담임목사님이 마지막으로 우리 가정을 위해 기도해 주신다.

"박남혜 전도사님이 10만 명을 주께 인도하는 전도자가 되게 해 주세요."

기필코 "아멘"이다. 남은 일생을 베드로처럼 권능 있는 대중집회 전도자가 되기 위해 기도훈련, 말씀훈련, 영성훈련, 영적으로 다듬는 훈련을 계속하고 있다. 나는 말씀에 내 이름을 넣어 읽어 보았다.

"박남혜는 온 천하에 다니며 만민에게 복음을 전파하라!"

"주의 손이 박남혜와 함께하시매 10만 명의 사람들이 예수 믿고 주께로 돌아오더라!"

이 말씀이 육신이 되고 레마가 되고 환경 가운데 그대로 임하시길 기도한다. 나는 뭇 영혼들을 하늘창고에 들이는 추수꾼이요 전도자다. 하나님, 감사합니다.

02

전도자가 갖춰야 할 자세와 마인드 세팅

1. 전도의 목적을 분명히 한다

"하나님이 세상을 이처럼 사랑하사 독생자를 주셨으니 이는 그를 믿는 자마다 멸망하지 않고 영생을 얻게 하려 하심이라"(요 3:16)는 말씀이 예수께서 이 땅에 오신 이유이자 전도의 분명한 목적이다. 생이 끝난 후 모든 인생에게는 생명의 부활과 심판의 부활이 있다. 이 땅의 모든 사람이 예수 그리스도를 믿어 생명의 부활로 나아가기를 기도하며 전하는 게 전도자의 자세다.

2. 매일 한 사람 이상에게 복음을 전하기로 결단하고 이를 실천한다

전도자가 되기로 결심한 사람이 항상 경계해야 할 것이 있다. 그 결심이 작심삼일이 되지 않도록 하는 것이다. 이때 가족이나 친구들, 직장 동료 앞에서 전도자로 살아갈 것을 선포하는 것도 좋다. 자신이 주위 사람들에게 다짐한 약속을 지키기 위해서 스스로를 단단히 감시하며 이를 실천하기 위해 노력할 것이기 때문이다. 밥 먹고 숨 쉬는 것이 자연스러운 일상이듯이, 매일 한 사람 이상에게 복음을 전하는 걸 '루틴 라이프'로 정착시키는 것이다. 그러면 전도는 숨 쉬듯이 자연스러운 일상이 된다.

3. 전도자는 하나님의 말씀과 기도로 거룩해진다

"하나님의 말씀과 기도로 거룩하여짐이라"(딤전 4:5)는 말씀을 알아야 한다. 말씀은 하나님이시고 생명이다. 말씀과 기도로 채워질 때 성령 하나님이 우리를 통해 일하신다. 그리고 전도의 열매가 맺히도록 이끌어 가신다. 그러므로 전도자는 매일 한두 시간씩 성경을 묵독하고, 구별된 기도의 시간을 갖는 게 중요하다.

4. 전도자는 먼저 인사하고, 항상 밝은 표정이어야 한다

언제 누구를 만나든, 먼저 다가가 반갑게 인사하는 습관이 몸에 배어야 한다. "안녕하세요?" "만나서 반갑습니다." "여기서 또 뵙네요." "화창한 봄날입니다." "활기찬 하루 되세요." "즐거운 여행 되시길 바라요." "행복한 주말 보내세요." "오늘도 멋진 하루 되세요." "많이 웃는 하루 되세요." "감사합니다." "또 뵙겠습니다." 이런 인사를 입가가 아플 정도로 웃으며 해야 한다. 그러면서 내가 어느 교회 권사인지 집사인지, 만나는 사람들에게 나의 소속과 정체(성)를 투명하게 알릴 필요가 있다. 그것이 쌓이면, 주변 사람들이 내게 와서 전도할 사람(가정)이 있다며 전도 대상자를 알려 주기도 한다.

5. 삶의 가지치기와 투명한 자기 경영을 할 수 있어야 한다

전도자는 어부가 출항을 앞두고 어구를 세심하게 살피듯, 삶의 전면을 꼼꼼하게 살피며 정비해야 한다. 또한 에너지를 한 방향으로 집중시키기 위해서 일상을 단순화할 필요가 있다. 먼저 규칙적인 생활 원칙을 세운다. 생동감 넘치는 예배와 기도에 마음을 두고, 규칙적인 기도생활을 삶의 우선순위에 두어야 한다. 하나님 앞에서 걸리는 부분이 없게 하고, 자기 삶의 전반을 투명하게 경영하려고 노력할 필요도 있다.

03

전도의 승률을 높이는 황금 레시피

1. 가장 가까운 사람부터 전한다

전도를 시작하는 사람들은 우선 어디서, 누구에게 전할 것인가를 정할 필요가 있다. 아파트 단지 놀이터, 공원, 전철역, 시장, 길거리, 평소 다니는 미용실 아니면 대중이 모인 집회 장소 중 어디를 찾아가야 할까? 이 또한 기도로 구해야 한다.

전도의 근력이 붙지 않은 초보 전도자가 생판 모르는 타인에게 복음을 전하기란 그리 쉽지 않을 것이다. 이 경우 평소 알고 지내 온 이웃, 친구나 동료, 친척 등을 대상으로 전할 것을 제안한다. 이들 곁에도 믿는 사람들이 있겠지만, 교회에 나갈 것을 권유받지 못한 경우가 의외로 많다. 나 또한 초기엔 평소 관계를 맺고 지내던 지인들에게 주로 복음을 전했다.

2. 예배드리는 심정으로 전도 현장에만 집중해야 한다

팀을 이루어 전도하러 나갈 때는 먼저 전도 대원들이 합심으로 기도하고 나간다. 현장에는 두 명씩 짝지어 나가는 게 좋다. 그리고 전도 구역까지 가는 동안 예배드리는 마음으로 묵상기도를 하되, 이런저런 사적인 이야기는 하지 않는 게 좋다. 자기들 이야기에 빠지다 보면, 전도 대상자를 알아보는 일에 집중이 안 된다. 예배드리는 심정으로 전도 현장에 나서고, 기도하는 마음으로 전도 대상자를 찾아야 한다.

3. 여러 사람이 있는 자리에선 가급적 복음 제시를 절제한다

전도 대상자가 여러 명 있을 때는 가급적 복음 제시를 하지 않는 것이 좋다. 무리 중에 한 사람이라도 비아냥거리거나 방해자가 있으면, 전도 대상자가 그 말에 휩쓸리기 쉽다. 전도 대상자의 집에 갔을 때, 혹여 만나지 못하고 오면 '○○○ 님을 위해 축복기도를 하고 있다'라는 메모를 꼭 남겨 둘 필요가 있다. 믿지 않는 사람도 자신과 자기 가정을 위해 기도해 준다는 말을 싫어하지 않는다. 그 메모가 부담을 줄 수도 있으나, 누군가 관심을 가져 준다는 것에 기대를 갖게 된다.

4. 전도 열매를 맺은 현장과 전도자의 모범이 성경 속에 있다

전도 목표와 원칙을 정하고 주변에 선포했다고 해서 전도에 대한 두려움이 없어지는 건 아니다. 전도 중에 지인으로부터 비방의 말을 듣거나 매정하게 거절을 당하면, 절망감이 생기고 자신감도 떨어지게 마련이다. 하지만 상대가 비방하면 어떡하나 하는 조바심과 두려움의 실체를 정확히 살펴, 이러한 부정 감정을 쫓아내야 한다. 상대는 복음을 받아들이지 않을 수도 있고, 거절할 수도 있다. 그것은 나에 대한 거부가 아니다. 사람마다 복음을 받아들이는 때가 다르다. 전도자는 성심껏 하나님의 사랑과 은혜를 전하는 의무만 있을 뿐이다.

신약 성경에선 전도 열매를 맺는 현장을 잘 보여 주고 있을 뿐만 아니라, 전도자에 관한 흥미진진한 이야기로 가득하다. 병든 자를 치료하고 죽은 자를 살리며 보리떡 다섯 개와 물고기 두 마리로 5천 명을 먹이며 복음을 전한 예수님을 비롯해, 대중연설을 통해 3천 명을 회심시킨 베드로, 사도 바울, 수가성 여인 등이 모두 우리의 전도 모델이다.

5. 성령님의 인도함을 받으며, 주님의 전도 방법을 따른다

사도 바울이 고백했듯이, 자신의 지식과 지혜를 앞세우는 전도는 열매를 맺기 어렵다. 또한 전도의 목적을 급히 달성하기 위해 서두르는 것도 금물이다. 전도는 내가 하는 것 같지만, 절대 그렇지 않다. 성령께서 대상자의 마음을 움직여 주셔야 한다. 그리고 그때그때 주시는 말씀과 마음의 감동을 따라 전할 때 역사가 일어난다. 그러므로 내가 해보려는 전도 욕심을 죽이고, 성령님으로부터 오는 영감을 받으려는 자세가 우선돼야 한다.

나는 전도 현장에서뿐만 아니라, 전도에 나서기 전에도 시종 성령님의 인도하심을 구한다. 또한 사복음서에 소개된 예수님의 전도 방식에서 많은 걸 배우고, 익힐 수가 있었다. 주님은 신분의 고하를 막론하고 만나는 모든 사람을 친절하게 대하셨다. 그리고 질문하는 사람에게는 보이는 것들을 사용해 아주 쉽게 설명해 주셨다. 결코 강요

하거나 다그치지 않으셨으며, 상대가 인격적으로 반응할 때까지 기다려 주셨다. 그리고 하루의 시작과 끝에 한적한 기도의 자리로 나아가시고, 하나님과 깊이 연합하셨다. 그러기에 하나님이 맡기신 그 많은 사역(복음전파, 구제, 치유, 교육)을 완수하실 수 있었다. 말씀과 기도를 통해 '전도자의 텍스트 모델'이신 예수님의 전도 방식을 생활 속 전도 현장에서 그대로 적용하는 것이 핵심이다.

6. 영적전쟁에 나서기 전 선포기도부터 한다

집중하여 기도하고 말씀으로 깊이 들어가면, 성령께서는 전도가 가장 강도 높은 영적인 전쟁임을 알게 해 주신다. 전도는 공중권세를 쥐고 있는 사탄과의 싸움이다. 인간적인 설득이나 세상의 지식으로는 좀처럼 상대의 마음을 움직이기 어렵다. 사탄과의 싸움에서 승리하는 열쇠는 오직 말씀과 성령님의 인도라는 것을 기억하자(고전 2:4, 엡 6:10-20).

이때 기도의 중요성을 알고(막 9:23), 전도의 근력을 키워 줄 수 있는 '선포기도문'을 작성하면 좋다. 그다음 태신자를 위한 축복 기도문을 작성해 보는 것이다. 그런 다음 전도 대상자 한 사람 한 사람씩 이름을 부르며 선포기도를 한다. 전도는 영적전쟁이기에 그 싸움은 치열하다. 그러므로 반드시 성령의 검(말씀)을 받아서 우리에게 주신 권세를 사용해야 한다. 전도자 자신과 태신자, 그리고 특정 공동체를 지배하고 있는 악한 영이 우리에게서 떠날 것을 예수 그리스도의 이름으로 명령한다.

전도 상황별 기도문

❖ 전도 대상자를 품고 드리는 기도 ❖

주님, 우리에게 전도의 사명을 주셔서 감사합니다. 전도의 불길이 타오르는 교회와 전도자가 되게 하소서. "하나님은 모든 사람이 구원을 받으며 진리를 아는 데 이르기를 원하시느니라"(딤전 2:4)고 말씀하셨습니다. 이 땅 모든 사람이 구원 받기를 원하시는 하나님, 오늘도 전도 대상자를 품고 기도하게 하시니 감사합니다. 전도의 문을 활짝 열어 주시고, 예수 믿고 구원 받을 백성 즉 생명책에 기록된 영혼의 마음을 움직여 주소서. 하나님의 공의와 사랑을 만방에 전하게 하소서. 그리하여 하늘나라의 의와 복음을 위하여 수고할 생명을 주옵소서. 사랑과 믿음과 수고로 심어 복음의 열매를 맺게 하여 주소서. 이 과정에서 만나는 고난과 핍박은 기쁨으로 감당하며 오히려 감사하게 하소서.

우리는 하나님의 복음으로만 살기를 원합니다. 하나의 잃어버린 양을 찾는 심정으로 기도하고 전하기를 소원합니다. 전도의 미련한 것으로 전할 때, 생명을 만나고 생명이 주께 돌아올 것을 믿습니다. 우리가 때를 얻든지 못 얻든지, 전도하는 열정과 믿음을 주옵소서. 주님이 허락하실 복음의 열매를 믿고 나아갑니다. 특별히 하나님의 백성인 ○○○에게 제 입술을 열어 복음을 전할 때, 그가 복음을 받아들여 예수님을 영접할 수 있게 마음을 열어 주옵소서. 그래서 예수님을 인격적으로 만나 거룩한 백성으로 거듭나게 하시고, 참 생명과 평안을 누리는 가운데 풍성한 삶을 살아가게 하옵소서. 예수님의 이름으로 기도합니다. 아멘.

❖ 전도 나가기 전에 드리는 기도 ❖

주님, 오늘도 전도 현장으로 나아가게 하시니 감사합니다. 예수님도 이 땅에 전도하러 왔다 하셨습니다. 순종으로 복음의 신발을 신게 하시니 감사합니다. 주님이 주신 복음의 유익을 더 값지게 여기며 살기 원합니다. 오직 복음과 함께 고난도 즐겨 받는 그리스도의 병사로 살아가겠습니다. 성령 충만하여 담대히 복음을 전하게 하여 주옵소서. 행하는 대로 갚아 주는 나라, 심은 대로 거두는 나라를 향하여 전진합니다. 우리가 죽기까지 복음을 전함으로 주님 오실 날을 예비하게 하여 주옵소서. 하나님이 주시는 복음의 상급을 믿음으로 바라봅니다. 복음을 전하다가 지치더라도 포기하지 않을 힘을 주옵소서.

이 간구를 주께서 받으시고 영혼을 살려 주실 줄을 믿습니다. 주님이 저희에게 복음을 부탁하셨습니다. 삶에 지치고 마음이 곤고한 우리의 이웃들에게 주님의 사랑을 전하겠습니다. 오직 생명을 살리는 복음이 되게 하소서. 오늘도 복음의 신발을 신고, 십자가에 못 박히신 예수 그리스도의 희생과 사랑을 전합니다. 전도자들에게 성령의 충만함을 입혀 주시고, 복음의 전신갑주를 두르게 하소서. "말씀을 전파하라 때를 얻든지 못 얻든지 항상 힘쓰라" 하신 명령을 받들어 전도의 기쁨을 맛보게 하실 하나님을 찬양합니다. 예수님의 이름으로 기도합니다. 아멘.

주님 감사합니다. ○○○ 형제(자매)님을 만나 복음을 전하게 하시니 감사합니다. 주님을 영접하게 하시니 감사합니다. 이제부터 모든 예배와 성경 공부와 봉사 활동에 열심을 내어 주를 섬기게 하소서. 복음의 비밀을 알게 하여 주옵소서. 이제부터 ○○교회에 나가 마음의 평안과 기쁨을 얻고 예비된 복을 누리게 하소서. 주 예수 그리스도의 십자가의 은혜를 깊이 알게 하시고, 믿음의 큰 용사가 되어 하나님께 귀하게 쓰임 받는 자가 되게 하소서. "내가 곧 길이요 진리요 생명이니 나로 말미암지 않고는 아버지께로 올 자가 없느니라"(요 14:6) 하신 말씀대로, 하나님 아버지를 알게 하소서. 패역한 세대에 아버지를 깊이 만나 세상이 줄 수 없는 평안을 누리게 하소서. 하나님의 자녀가 되는 권세를 누리게 하소서. 주 예수 그리스도의 십자가의 은혜를 깊이 알게 하시고, 믿음의 사람으로 귀하게 쓰임 받게 하소서. 예수님의 이름으로 기도합니다. 아멘.

✣ 전도 대상자를 위한 영접기도 ✣

[전도자가 선창하고, 대상자가 소리 내어 따라 하게 합니다]

하나님 아버지, 저는 죄인입니다. 어디서 와서 왜 살며 어디로 가는지 알지 못하고 방황하며 살았습니다. 제 죄를 위해 십자가에서 죽으시고 부활하신 예수님을 내 삶의 구주로 모시길 원합니다. 지금부터 영원토록 주님만 믿고 살겠습니다. 예수님의 이름으로 기도드립니다. 아멘.

[전도자가 선포합니다]

이제 ○○○ 님은 하나님의 자녀가 되셨습니다. 지금 하나님은 ○○○ 님의 이름을 하늘나라 생명책에 기록하셨고, ○○○ 님은 하나님의 백성이 되었습니다.

[축하의 박수와 함께 전하는 권면 메시지]

이제 주일마다 교회에 오셔서 예배드리고, 기도도 배우세요. 성경을 읽고 성경 공부도 하며 교회 봉사를 해보세요. 그리고 ○○○ 님이 가장 잘하실 수 있는 방법으로 누군가에게 이 내용을 전해 보세요. 나 자신은 물론 그 전도 대상자가 예수님을 인격적으로 만나게 도와주세요. 저도 ○○○ 님을 위해 앞으로도 계속 기도하며 교제를 이어 가겠습니다.

❖교회 정착을 위한 기도❖

하나님 아버지, 존귀한 주의 백성이 ○○교회에 나오게 하심을 감사합니다. 예수 믿고 새 생명을 얻게 하시니 감사합니다. 우리 ○○○ 형제(자매)님이 하나님을 예배하며 세례 받고 하나님을 인격적으로 만나게 하여 주옵소서. 성도의 교제가 깊어지고 믿음의 뿌리를 내릴 수 있게 도와주소서. 말씀과 기도로 거룩하게 하시며, 성장과 성숙을 통해 믿음의 사람으로 거듭나게 해 주옵소서. 그리하여 본인이 받은 하나님의 사랑을 주위에 널리 전하는 믿음의 사람이 되게 하시고, 많은 열매 또한 맺게 하소서. 예수님의 이름으로 기도합니다. 아멘.